古代歷史文化 研究輯刊

十六編

王明蓀 主編

第 3 冊

東漢羌人暴動與涼州軍閥形成之研究

王俊霖 著

國家圖書館出版品預行編目資料

東漢羌人暴動與涼州軍閥形成之研究／王俊霖 著 -- 初版 -- 新
北市：花木蘭文化出版社，2016〔民105〕
目 2+126 面；19×26 公分
（古代歷史文化研究輯刊 十六編；第 3 冊）
ISBN 978-986-404-747-5（精裝）
1. 民變 2. 軍閥 3. 東漢
618   105014256

ISBN-978-986-404-747-5

古代歷史文化研究輯刊
十六編　第 三 冊　　　　　　ISBN：978-986-404-747-5

東漢羌人暴動與涼州軍閥形成之研究

作　　　者　王俊霖
主　　　編　王明蓀
總 編 輯　杜潔祥
副總編輯　楊嘉樂
編　　　輯　許郁翎、王筑　美術編輯　陳逸婷
出　　　版　花木蘭文化出版社
社　　　長　高小娟
聯絡地址　235 新北市中和區中安街七二號十三樓
　　　　　　電話：02-2923-1455／傳眞：02-2923-1452
網　　　址　http://www.huamulan.tw 信箱 hml 810518@gmail.com
印　　　刷　普羅文化出版廣告事業
初　　　版　2016 年 9 月
全書字數　99113 字
定　　　價　十六編 35 冊（精裝）台幣 68,000 元

東漢羌人暴動與涼州軍閥形成之研究

王俊霖　著

作者簡介

　　王俊霖，1990 年生於新北市鶯歌，國立嘉義大學應用歷史所畢。

　　自童蒙時極好文史相關書籍，它科則流於應付，故學業成績多強幹弱枝也，幸得父母栽培僥倖進入大學，然資質駑鈍居大道而粗窺門徑而已。後，研究所入詹士模師門下，得悉心指點，常有茅塞頓開之感，拙作正是在詹師以耐心與專長所指導之下，略有小獲。離開校園後，作者目前任職於旅行業。

提　　要

　　兩漢所指的羌，即是以河湟地區為中心生活的當地土著，與上古時期的羌人並無直接的關係。武帝時為了解決匈奴問題展開的大戰略，於是逐步將河西地區收入版圖，並將帝國內部的貧民和罪犯遷徙到此處實邊。夾在匈奴與羌人之間的河西地區，情勢如履薄冰，稍有不慎就是南北夾擊的處境，而帝國奉行的戰略是以匈奴為主要假想敵，西漢對於羌人較為寬容，實際上也沒有更多力量進入羌區，故西漢一朝羌漢之間尚算安穩，少有紛擾；進入東漢以後，由於移民實邊所帶來的問題，即是人口不斷增生，漢人逐漸侵佔羌人的生活範圍，致使羌人難以生存，故早期的羌人暴動，大多圍繞著延邊聚落展開。

　　東漢安、順朝以後，國政在宦官與外戚的惡鬥中敗壞，各地都在天災與貪官汙吏的逼迫下，反抗漢帝國。這種大規模的民變已不是基層郡縣官所能單獨應對的，因此靈帝時決議設立州牧，總領一州政務兵馬，同時將地方政權與軍隊交給牧守，對於民變可以便宜行事，但也同時埋下禍根，在中央失去掌控力後，這些地方牧守形同各小諸侯。

　　董卓為隴西臨洮人，以良家子從軍，在鎮壓羌人的戰鬥中，從底層軍官以戰功一路攀升，成為領軍一方的大將，逐漸藐視朝廷。在帝國威信掃地，無力控制各地時，董卓因為某個政治陰謀，引麾下涼州軍入洛陽，一舉控制朝廷與天子百官，進行恐怖統治，加速東漢的滅亡，同時使地方擁兵自重的牧守們再無顧忌，展開惡鬥。不論牧守們是保境安民，抑或是逐鹿中原，天子的影響力越來越微弱，使得維持漢帝國變得非常困難，同時也來到了三分天下的前夕。

謝　辭

　　論文總算到了寫謝辭的一刻。

　　來到嘉義的這段日子，過往種種有如雲煙，當煙霧散去，發現我正在打這段謝辭，三年啊，抱怨的時候很長，但是回憶起來又很短。

　　拙作的完成，首先感謝我的父母，感謝他們對我決意繼續攻讀碩班的「任性」所提供的包容與支持，感謝曾給予我鼓勵、建議的老師，都是我就學期間的貴人，特別是我的指導教授詹士模老師，在論文方向和架構得力於詹老師的啓發；以及感謝李明仁老師對於我的提問總是不厭其煩地回答。由於老師們的諄諄教誨得以使我得以完成論文，師生情誼，俊霖畢生難忘。

　　其次，感謝啓宇、凱叡、劭恩、柏嘉學長們與我的討論並給予建議，且總能在我迷惘時爲我解惑。升耀、憲康、建宏學弟們當然也感謝你們，這段時間的雖然不長，但與你們的相處總是很愉快。

　　要感謝的人太多了，最後在此僅以拙作獻給我摯愛的家人、師長以及我人生路上遇見的每位朋友、鼓勵我的每個人，謝謝你們！

王俊霖　謹誌
二零一五年夏　於民雄大學苑

目次

第一章 緒 論

第一節 研究動機與目的

　　西元一世紀，南陽豪族出身的劉秀掃平割據勢力建立東漢，使天下終歸一統，但是東漢帝國的建立是在連綿大戰後高度疲憊的狀態下，自西漢——新莽以來的諸多社會問題，也繼承到東漢，以本文的題目為例：始於西漢，爆發於東漢的羌族暴動史事，其主要源於西漢在涼州的邊境移民政策，以及對於羌人生活區的屯田開發，隨著屯田的範圍和力道越來越大，進而壓迫羌人的生存空間，迫使羌人反抗。

　　東漢的羌人暴動，由光武帝建武十（34）年至獻帝興平元（194）年，幾乎貫穿整個東漢國祚，而東漢帝國對於羌人密集反抗的應對方式及結果，背後反映了社會、經濟、軍事等問題；以社會面來說，朝廷將戰敗投降或出於自願內附的羌人自河湟遷往三輔地區，試圖將羌人從根據地移出，分而治之，再以優勢人口來影響羌人，看來是一個合理的計畫，不過這些被遷出的羌人與漢民混雜而居，彼此的語言、生活習慣、經濟生產方式等差異，反而加速形成涇渭分明的族群認同，遷居的羌人受到這種「非我族類」式的敵意，再加上東漢中葉以後混亂的朝政與吏治，民風剽悍的羌人多是舉族遷回河湟，也有羌人直接展開暴動，大掠郡縣，三輔地區幾化作焦土，百姓士卒死傷無數。以經濟面來說，諸羌星散於河湟地區，原先在帝國眼中是「地少五穀」的貧瘠山地，但其實黃河與湟水的交會流域，有成為優秀牧場和可耕地的潛力。自趙充國在此地推行屯田，以求經濟上弱化羌人，這個政策到東漢仍然

在實施，隨著漢人移民帶來的鐵犁和代田法，使當地的農業日益發達，就連部分羌人也有耕種的傾向。湟水流域圍繞著屯田駐地發展出的城鎮如：允吾〔註1〕、浩亹〔註2〕、安夷〔註3〕，逐漸深入羌人的生活地帶，這些移民在當地繁衍生息，生活範圍不僅重疊且逐漸擴大，最終與羌人的摩擦勢不可免，而生存上的危機，是否又是唯一的理由呢？

在軍事層面，東漢的邊防思想相較於西漢是比較被動的，由於大規模的戰亂和自然災害，華北的精華地帶如徐州、兗州、青州、和三輔地區，受到了相當大的衝擊，作為自然經濟的基礎，人口的凋零是十分嚴重的，而人口的損失所引發的問題不僅是稅收的來源，同時也是可投入作戰人數的衰減。

有鑒於此，東漢初期的戰略考量偏向於保境安民、注重於防禦而非發動遠征，靜待社會恢復元氣，故光武一朝罕有主動進攻邊疆異族，但為了保障三輔和關中地區的安全，其具體作法是在邊境以囚徒修復亭燧，其重守而不進攻的防禦態勢，正是貼切地敘述此時代的無力。為了補強在邊境軍事力量的不足，東漢朝廷從內附的羌民中徵召入伍，以至於西北數郡都有羌兵的身影，這些羌人除了要負擔沉重的軍事任務外，還必須隨著戰事或往西域或與匈奴作戰，遠離家鄉、生死未卜。更可悲的是，帝國在鎮壓羌人部落時，也是徵召熟悉當地環境的羌兵，去屠殺那些和他們同文同種的羌人。即便不是戰時，羌人也受到當地豪族的奴役，這些豪族連同官吏聯手對羌人的牧場、畜產巧取豪奪，羌人在生命及財產均受到迫害時，是否依舊像從前零星的反抗呢？

東漢羌人的暴動，其數次之密集、持續時間之長、影響範圍之廣、戰費開銷之大，在歷史上是一個罕見的案例。儘管漢帝國有能力將強大的匈奴遊牧帝國遠斥千里，卻為相對弱小的羌人諸部所苦，管東貴也認為羌族是小的、分裂的民族，力量分散，無統一的組織，而且居山岳之地，認為並不能像對付匈奴般大舉撻伐，屯田防備徐徐圖之方為上策。〔註4〕儘管漢羌之間力量懸殊，羌人也從未取得明顯的戰略勝利，但他們依舊在百年屢起反抗，越鎮越烈的態勢還是將一個帝國活生生的拖垮。

〔註1〕 今甘肅省永靖縣西北。
〔註2〕 亹音門，今甘肅省永登縣西南，大通河東岸。
〔註3〕 今青海省平安縣。
〔註4〕 管東貴，〈漢代處理羌族問題的辦法的檢討〉，《食貨月刊》，第二卷、第三期，1972年，頁129～154。

　　而作爲漢羌百年紛擾的主戰場涼州，其優越的地理環境和交通位置，在一個正常的帝國下，它是一隻強而有力的臂膀，將西域的利潤納入手中；在帝國力有未逮時，呈現如隗囂擁兵自重、得隴望蜀的局面，在帝國權威掃地之際，涼州的武裝勢力已不完全貫徹朝廷的意志，如太阿倒持、軍閥割據。

　　涼州，最早的意思是涼州刺史部，意即監察西北各個郡縣的刺史責任區，在秦代時版圖只到隴西郡而已。自漢武帝銳意開發涼州以前，這裡並非中原的傳統勢力範圍，原本是胡人的大牧場，況且族群複雜，先後有月氏、匈奴等爭奪河西，在漢帝國加入戰局之後，爲扭轉胡漢之間的人口差距，於是大量移民至此，使涼州既是胡漢衝突的戰場，卻又是胡漢之間族群融合的熔爐。

　　在地理環境上，涼州又可分爲幾個大區，如主體的河西地區，是連接關中與西域的重要通路，不論是軍事調度、或是互使通商，主要都是途經河西地區。河湟地區，諸羌星散於此處的高山河谷，彼此內戰不休，直到漢帝國的到來。

　　隨著漢羌之間從安、和帝時期的不斷紛爭，到順帝以後逐漸與民變合流，所影響的力度，比起從前在塞外時的零星劫掠更加猛烈，所影響的範圍更深入帝國腹心。而這股趨勢不斷暗示著，漢與羌兩個族群是逐漸傾向融合，例如出身名門的馬騰，其父馬平就娶羌女爲妻，後生下馬騰；董卓生於隴西臨洮，是群羌繁衍之地，早年與羌人的來往，是否對於他日後的作爲能夠產生連結？

　　故本文所欲探究的重點分爲四項：

　　（一）東漢時期爲何羌人屢屢反抗不止？

　　（二）羌人的反抗過程，是否有轉變之處？

　　（三）東漢涼州的地理環境，是否有形成割據的潛力？

　　（四）東漢桓靈之後藉鎮羌崛起的將領，以及其與羌人之關聯性。

第二節　前人研究成果

　　關於本文——東漢羌人暴動與涼州軍閥形成之研究，其前人研究可分爲三部分，一即羌人相關，包含其源流、社會結構、經濟方式、遷徙過程以及性質轉變；其二，即漢代涼州之地理資源分布、戰略意義以及其割據潛力。第三，關於漢末涼州軍事集團的形成與董卓之崛起。

（一）羌人部份

1. 馬長壽在其著作《氐與羌》中認為，由於目前考古文物不足，難以對古羌人的源流提出更多的證據，只能做保留的推測。不過馬氏認為在羌人分佈的中心，河曲一帶出現了許多新石器時代的遺物，它們的創造者有可能是古羌人，抑或者是古羌人的祖先。語帶保留，並未直指就是漢代的河湟羌人。〔註5〕

2. 冉光榮、李紹明、周錫根，《羌族史》，則認為在今日青海省湟水流域一帶的新石器時代遺址如馬家窯、半山等遺址，有可能就是羌人的遠祖生活過的遺跡。這兩股脈絡皆以考古出土文物與遺址來推論在鄰近的時間點上，有可能是羌人祖先的生活遺跡，但也沒有認定為漢代河湟羌人之遺跡。〔註6〕

3. 任乃強在《羌族源流探索》中提到，羌人的源流是青藏高原的原住民，在經過人口繁衍增長後，由於生存壓力使其中一部分人離開高原，向外遷徙擴散，分散出許多支系，其中一支就是羌人。任氏認為羌人的源流出自青藏高原，可能與今日藏族有著共同祖先。但筆者以為，最早出現羌人紀錄的符號，當在商代左右，而彼時的實際領土與接觸機會，是否達到隴西之外的河湟深處；又此說亦未能舉證他所指的「羌人」與漢代河湟羌之直接聯繫，故筆者則持保留態度。〔註7〕

4. 楊建新，《西北少數民族史》，則從〈西羌傳〉中之文句解讀，認為羌人的祖先為三苗，在舜時展開遷徙，最後定居在今日甘肅與青海之界。但筆者認為，照楊氏之說法，三苗居住在江淮一帶，今日當在河南南部至湖南洞庭、江西鄱陽附近，卻被舜放逐到遙遠的西北，定居在黃河上游。拜今日科技之賜，我們得以從衛星地圖上觀察，這個距離大得嚇人，而以當時的技術、方向導航、食物、與舜的監控力量，真的有可能將整個族群由故鄉押解到放逐地嗎？況且，這個族群又花費了多少時間才抵達目的地，又會不會與當地人發生摩擦等等……太多的疑問，使筆者難以認同楊氏的三苗說。〔註8〕

〔註5〕 馬長壽，《氐與羌》，（上海：上海人民出版社，1984年），頁91。

〔註6〕 冉光榮、李紹明、周錫根，《羌族史》，（成都：四川人民出版社，1984年），頁9。

〔註7〕 任乃強，《羌族源流探索》，〈重慶：重慶出版社，1984年〉，頁12。

〔註8〕 楊建新，《中國西北少數民族史》（蘭州：蘭州大學出版社，1970年），頁187。

5. 王明珂，《華夏邊緣：歷史記憶與族群認同》認為所謂羌人，並不是專指世代居住在西方的某一支民族，而是華夏心中，一種對西方異族的「概念」，這個概念表達了「西方那些非我族類的人」，由商代到兩漢對西方的擴張，「羌人」的概念也隨之向西推移。筆者頗為認同，這股脈絡解釋了「羌人」這個稱呼何以從商代一路使用到兩漢魏晉，直至當代被識別成一個獨立的民族。〔註9〕

6. 王明珂，《羌在漢藏之間——川西羌族的歷史人類學研究》，為王氏親身田野調查之紀錄，承續著前作進一步解釋，由商代到東漢，作為「華夏邊緣般」的「羌人」概念由豫西、晉南逐步西移，所過之處的人群都成了華夏，終於在漢魏晉時它移到青藏高原的東緣。如果我們將漢代的河湟羌、參狼羌、白馬羌、大牂夷種、龍橋、薄申等羌與旄牛羌，由北至南連成一道線，這條線便是漢代以「羌」的異族概念來劃分的華夏西方族群邊緣。這個成於東漢魏晉時的西部「華夏邊緣」也是漢人的西部族群邊緣。〔註10〕

7. 王明珂，《遊牧者的抉擇：面對漢帝國的北亞遊牧部族》，敘述了河湟羌人的經濟生產方式，以及高原河谷的資源與封閉分割性，導致羌人的社會組織不需要一個強大的領導者將羌人諸部統一起來向漢帝國劫掠。羌人各部落只著眼於保護本身利益和向外擴張，導致無止盡的部落戰爭，爭奪那些優秀牧場與可耕地。〔註11〕

8. 楊永俊，〈論西羌內屬及其對東漢「羌禍」之影響〉，認為東漢羌人反抗的性質，與西漢匈奴之叩關、隋唐時突厥之逼境、明代瓦剌之侵邊，是性質不同的事件，「羌禍」頻發於漢帝國西北疆域，其性質屬於「內潰」而非邊患，「內潰」的前提在於羌人已廣泛分佈於漢帝國的內部，故論述西羌之「患」，必須從「內屬」開始觀察。筆者也頗贊同，故最早羌人的反抗並不是要取代漢帝國，也還談不上割據一方，大部分是因為生計所迫而反抗。〔註12〕

〔註 9〕 王明珂，《華夏邊緣：歷史記憶與族群認同》（臺北：允晨文化出版社，1997年），頁227～228。

〔註10〕 王明珂，《羌在漢藏之間——川西羌族的歷史人類學研究》（北京：中華書局，2008年），頁149～150。

〔註11〕 王明珂，《遊牧者的抉擇：面對漢帝國的北亞遊牧部族》（桂林：廣西師範大學出版社，2008年），頁158。

〔註12〕 楊永俊，〈論西羌內屬及其對東漢「羌禍」之影響〉，《宜春師專學報》，第21卷第3期，1996年，頁37。

9. 王力在〈西羌內遷述論〉中認爲，西羌內遷可分爲政治性內遷和經濟性內遷兩類，政治性內遷主要指由大規模的戰爭引起、戍邊或維護統治的需要而將西羌強制性的遷入內地。經濟性內遷指西羌從生產水準相對落後的原居地自願遷入先進的內地。筆者大致認同，但於王氏之論再補充論述，以河湟羌人的角度來看，草原上的畜產累積既緩慢又不穩定，一次大風雪或傳染病，就會將數年苦心經營的成果化爲烏有，除了向其他部落劫掠之外，便是依附其他更大一點的部落，以求生存。既然羌人原本就有依附強者的傳統，因此我們不能一廂情願的認爲羌人內附，是羨慕漢帝國相對發達的生產力與環境，更可能的只是羌人的權宜之計而已。〔註13〕

10. 王子今在〈秦漢時期氣候變遷的歷史學考察〉中認爲秦漢的氣候曾發生相當大的變化，顯著的變化，大抵在兩漢之際，氣候有由暖轉寒的趨勢，筆者認爲假若氣候的惡化，是不是也有可能導致河湟地區原本就捉襟見肘的資源供應，如草場與耕地在減產的情況下，羌人爲生計所迫轉而攻擊那些侵占祖居地的漢人屯田據點。〔註14〕

11. 竺可楨，〈中國近五千年來氣候變遷的初步研究〉，也認同東漢時期，氣候的確有相當顯著的變化，並舉例在張衡〈南都賦〉中，提到南陽曾經盛產橘子，再到魏武於銅雀臺種橘，但未得果實，來解釋氣候有逐漸由暖轉寒的趨勢。〔註15〕

12. 管東貴，〈漢代的羌族（上）〉，管氏以史料爲根據，認爲河湟羌人，先後至少發展出三十幾股種落，以最大的鐘羌部落爲例，甚至發展出十幾萬人的大型部落，而這十幾萬人對於生存的壓力，也許導致他們對於美好的高山河谷極爲渴望。〔註16〕

13. 管東貴，〈漢代處理羌族問題的辦法的檢討〉，承上所述，這十幾萬人口的每日生計，造成了巨大社會壓力，而雪上加霜的是漢帝國屯田點卻越來越深入羌中，與羌人爭奪河谷。〔註17〕

〔註13〕 王力，〈西羌內遷述論〉，《貴州民族研究》，第24卷，第4期，2004年，頁160。

〔註14〕 王子今，〈秦漢時期氣候變遷的歷史學考察〉，《歷史研究》，1995年，第二期。

〔註15〕 竺可楨，〈中國近五千年來氣候變遷的初步研究〉，《考古學報》，1972年，第一期。

〔註16〕 管東貴，〈漢代的羌族（上）〉，《食貨月刊》，第一卷、第一期，1971年，頁15～20。

〔註17〕 管東貴，〈漢代處理羌族問題的辦法的檢討〉，《食貨月刊》，第二卷、第三期，1972年，頁131。

14. 林永強，〈漢朝羌區軍政防控措施考論〉中認為，漢帝國藉由激化羌人之間的矛盾，使其自相殘殺，用以緩解羌人對漢帝國的反抗。除此之外，漢帝國亦以優勢武力打垮羌人，以消滅羌人的反抗主力。〔註18〕

15. 謝婷，《東漢安順時期的「涼州問題」》指出了皇帝為求迅速平定羌事，對於負責羌事的主官——護羌校尉，多有急迫嚴懲之舉，動輒免官下獄，使治羌政策不能連貫，據謝氏的統計，東漢護羌校尉的任期在兩年以下的佔了一半，而且大多晚景淒涼。〔註19〕

（二）涼州相關部分

1. 前田正明著、陳俊謀譯，《河西歷史地理研究》，明確的定義了涼州的主體區域「河西地區」，前田正名對於河西地區之自然環境，認為河西地區的東部為沖積扇地形，相較於河西地區的西部是較為濕潤的，當中又以武威郡姑臧城附近是水量最多的地方，其次則為張掖，再向西邊的酒泉、敦煌則是孤立於沙礫中的綠洲。此外作者提出，漢代的河西地區比現今還要濕潤的，水量也比現今還要充足。〔註20〕

2. 邵台新，《漢代河西四郡的拓展》則認為漢代之河西地區，僅限於漢代的武威、張掖、酒泉、敦煌所治之地。這四郡為構成涼州的主要骨幹，同時乘載著漢帝國與西域的聯繫。〔註21〕

3. 黃成，《五涼時期河西地區的文化繁榮及其影響》中提出了涼州之於中原，在戰亂時是相對安定的，故成為士庶百姓的避難地。在這裡除了避難的士人開館授徒之外，同時也接受來自西域的商業貿易與佛教傳播，故涼州也因此繁榮興盛一時。〔註22〕

〔註18〕 林永強，〈漢朝羌區軍政防控措施考論〉，收錄於《軍事歷史研究》，2010 年，第四期，頁 94。

〔註19〕 謝婷，《東漢安順時期的「涼州問題」》（武漢：華中師範大學碩士論文，2009 年），頁 40。

〔註20〕 前田正明著、陳俊謀譯，《河西歷史地理研究》（北京：中國藏學出版社，1993 年），頁 1。

〔註21〕 邵台新，《漢代河西四郡的拓展》（臺北：臺灣商務印書館，1988 年），頁 3～8。

〔註22〕 黃成，《五涼時期河西地區的文化繁榮及其影響》（西寧：青海師範大學碩士論文），2008 年。

4. 李並成，《河西走廊歷史地理》，點出了涼州在戰略的積極性與消極性，均對於在關中為主體的政權是極其重要的，並整理出涼州可利用的土地資源類型。〔註23〕

5. 王乃昂、蔡為民，在〈論絲路重鎮涼州的歷史地位及其影響〉認為中原和西域的交往歷史，遠在絲綢之路開通之前就已進行。特別是在匈奴控制河西地區並征服西域 36 國之後，中原漢族和匈奴透過涼州的交易非常頻繁，每年都有匈奴的大量牲畜運往內地，內地漢族的手工業品也大量輸向匈奴。〔註24〕

6. 拉鐵摩爾著，唐曉峰譯，《中國的亞洲內陸邊疆》解釋了漢朝為何向西部發展，及為何積極參與西域事務。〔註25〕

7. 張功，《漢代鄉土意識與隗囂集團之興衰》，他認為由於涼州長期以來與中央政權的依賴性較低，在新莽末年的大亂中，涼州人更傾向擁戴地方武裝勢力以保護鄉土利益，他們的割據意識較強，對於建立全國性的政權沒有多大興趣。〔註26〕

8. 李敬坤，《東漢永初羌亂研究》，提出了羌人在久經帝國徵召作戰後，已具備作戰技能與地理環境的熟悉，並以懸泉漢簡佐證，證明羌人不僅隨漢軍南征北戰，當中亦有充當下層吏卒者，於交通要道工作，不少為「御」，即負責駕車，運送物資或送信。〔註27〕

9. 邢義田，〈東漢的胡兵〉，指出了東漢雖然並沒有完全廢除郡國兵，但戰鬥力明顯的下降，導致帝國大量使用胡族兵來補充國防力量。〔註28〕

10. 孫敏棠，〈東漢兵制的演變〉承上，對於胡族兵的過度使用，一來外族兵始終對漢室處於半服從的狀態，順逆無常，二來帝國士兵逐漸失去警備。〔註29〕

〔註23〕 李並成，《河西走廊歷史地理》（蘭州：甘肅人民出版社，1995 年），頁 3。

〔註24〕 王乃昂、蔡為民，〈論絲路重鎮涼州的歷史地位及其影響〉，《中國邊疆史地研究》1997 年第 4 期。

〔註25〕 拉鐵摩爾著，唐曉峰譯，《中國的亞洲內陸邊疆》（南京：江蘇人民出版社，2008 年 4 月），頁 118。

〔註26〕 張功，《漢代鄉土意識與隗囂集團之興衰》，《天水師範學院學報》2003 年第 1 期。

〔註27〕 李敬坤，《東漢永初羌亂研究》（香港：中文大學碩士論文，2011 年。）

〔註28〕 邢義田，〈東漢的胡兵〉，《國立政治大學學報》，1973 年，第 28 期，頁 143～166。

〔註29〕 孫敏棠，〈東漢兵制的演變〉，收入於，《孫毓棠學術論文集》（北京：中華書局，1995 年），頁 344。

11. 孟古脫力，〈騎兵建設推動養馬業的發展——戰馬馬源之分析〉，一文中指出了合格的戰馬之訓練，背後是由龐大的相關馬苑體系所支撐的。〔註30〕

12. 陳芳，〈秦漢牧苑考〉，解釋了何以漢代的馬苑大多集中在涼、并一帶，以及漢代之牧馬苑，系承襲於秦代的六牧師苑，可見從秦代開始就相重視牧馬，並將之官僚化以戰馬保障品質。〔註31〕

13. 謝成俠，《中國養馬史》，中國馬種的改良，最早是透過絲路由中亞進口的良馬。又以其專業背景判斷，這批良馬可能是用作配種，不太可能是直接用於戰場。〔註32〕

（三）涼州軍團部分

1. 張玉法，《中國現代政治史論》，定義了軍閥三項明確的特徵，一、凡以軍隊為私有，以軍隊達到個人目的，罔顧法律秩序，或不效忠國家者，為軍閥。二、軍閥並非獨立於中央政府之外，有時控制中央政府，沒有控制中央政府的軍閥與中央政府的關係若即若離，但有中央政府所賦予的軍職或官位。三、有固定的地盤，或游動的地盤，以獲得資源，供養其軍隊。〔註33〕

2. 楊聯陞，〈東漢的豪族〉，提出了地方勢力的發展過程，即所謂豪族，並不是純粹的同姓同宗的集團，是以一個大家族為中心，而有許多家或許多單人以政治或經濟的關係依附著他。這樣合成一個豪族單位。有些豪族，是先有了政治地位，然後建立起經濟勢力。有的是先有經濟勢力，再取得政治地位，這政治地位又幫助了經濟勢力的發展。〔註34〕

3. 常倩，〈論兩漢時期羌人的凝聚〉，認為早期被遷徙進內地的羌人，確實與漢人多有摩擦，此時期漢人歧視遊牧人群的心態非常普遍及嚴重，各郡內的漢人不願與遊牧人群過多的往來，所以羌漢雖然交相雜錯，但基本都是聚族而居，許多漢人亦迴避與羌人同居一處。〔註35〕

〔註30〕孟古脫力，〈騎兵建設推動養馬業的發展——戰馬馬源之分析〉，收錄於《北方文物》，第三期，2005 年，頁 84。
〔註31〕陳芳，《秦漢牧苑考》（西安：西北大學碩士論文，2006 年），頁 11。
〔註32〕謝成俠，《中國養馬史》（北京：中國科學院，1959 年），頁 100。
〔註33〕張玉法，《中國現代政治史論》（臺北：臺灣東華書局，2002 年），頁 144～148。
〔註34〕楊聯陞，〈東漢的豪族〉，收錄於《清華學報》第 11 卷第 4 期，1936 年，頁 1017。
〔註35〕常倩，〈論兩漢時期羌人的凝聚〉，《貴州民族研究》，2011 年，第 1 期，頁 78。

4. 施文雅，《東漢末軍閥割據之研究》，認為東漢中晚期以後土地兼併嚴重，部分流離失所的流民，就成為募兵的對象。一旦召募，就以軍事編制把他們組織起來，其中相當大的一部份人就與募兵者結合成依附關係很強的部曲、賓客關係，成為將領的私兵。〔註36〕

5. 趙立民，《漢魏晉的武人研究》，認為邊疆居民因為長期與胡人的戰鬥，形成了一種向內的合力意識，當這種合力意識在居安思危的提防心態下存在時，邊民對於一個頗有領導風範的首領便愈發的信任，進而形成戰鬥力極強的武力集團。〔註37〕

6. 張大可《三國史研究》中解釋董卓任西域戊己校尉時為何突遭貶斥的原因，由於董卓被視為張奐所提拔的將領，而張奐本人因黨錮之禍而遭受迫害，董卓亦因此牽連而免官。〔註38〕

7. 廖伯源，〈論漢末「兵為將有」之形成〉認為董卓在進入洛陽之後，有感自己隨行兵馬過少，因此圖謀兼併大將軍何進、苗兄弟的私人部曲，隨同被併吞的還有禁中的北軍五校士。〔註39〕

8. 宋杰，《中國古代戰爭的地理樞紐》，以戰略地理的角度出發，認為洛陽地勢雖然險要，但地域狹小，缺乏防禦縱深和作戰的迴旋餘地，位置又在天下之中，道路四通，是為衢地，敵軍來犯甚易。據守洛陽反而不如退守更具地利的關中。〔註40〕

9. 陳勇，〈董卓進京述論〉則解釋涼州軍據關中而守的緣故，乃是因為董卓越往東走，跟隨他的涼州兵就越少，這說明涼州兵不願離開本土，尤其不願離開關西。所以，當董卓面臨關東諸軍的壓力時，自然會選擇遷都長安的方案。〔註41〕

10. 毛漢光，在〈三國政權的社會基礎〉中認為，董卓的勢力是以涼州軍旅為骨幹。董卓死後其部將李催、郭汜、樊稠、張濟等，橫行於洛陽長安

〔註36〕施文雅，《東漢末軍閥割據之研究》（嘉義：嘉義大學史地學系碩士論文，2007年），頁31。
〔註37〕趙立民，《漢魏晉的武人研究》（太原：山西大學碩士論文，2011年），頁17。
〔註38〕張大可，《三國史研究》（蘭州，甘肅人民出版社，1988年），頁22。
〔註39〕廖伯源，〈論漢末「兵為將有」之形成〉，《中國中古史研究》，2003年，第2期，頁22。
〔註40〕宋杰，《中國古代戰爭的地理樞紐》（北京：中國社會科學出版社，2009年），頁11。
〔註41〕陳勇，〈董卓進京述論〉，《中國史研究》，1995年第4期，頁116。

一帶，與董卓扮演同一類型的角色。這個集團在涼州一帶有其社會基礎，及駐軍兩京，猶如無根之花，憑其赤裸武力，威震域內，十足軍閥典型。〔註42〕

11. 王希恩，〈漢末涼州軍閥集團簡論〉，提出了他對於涼州軍的定義，即該勢力的骨幹均為涼州籍，有明顯的地方性，又都由董卓所網織，自成一系，又與羌胡有著密切的聯繫。〔註43〕

12. 方詩銘，〈董卓對東漢政權的控制及其失敗〉，認為涼州軍戰力之強，是因為由上層由李傕、郭汜等涼州出身人士為將領，下層是同為涼州的漢族和非漢族士卒，並以羌胡為主的精兵。〔註44〕

13. 王北固，〈涼州兵團在三國史上的特殊地位——從馬超助劉備取蜀說起〉，則提出了以時間來區分涼州軍團之性質，如東漢靈帝中平六（189）年到東漢獻帝建安二十四（219）年，劉備自立為漢中王這段時期分為四個階段：一、董卓；二、李傕、郭汜、樊稠；三、張繡，四、馬騰、韓遂。前兩個階段為涼州軍團對東漢帝國的破壞，後兩個階段是涼州軍團的戰力為其他大軍閥所用，而成就其霸業。〔註45〕

14. 曹寧，在《從《後漢書》重新審視東漢政府對羌政策》文中指出了由於涼州處於邊緣地帶，使中原文化對涼州居民的影響程度遠遠不如遷往內地的羌族。不僅如此，由於涼州羌族的人數占優勢，在文化傳播和影響的雙向過程中，涼州地區的漢族反而呈現明顯的羌化趨勢。所謂的羌化趨勢，指在特定的地域條件下，其他各民族受羌族的影響，在社會心理方面逐漸趨近於羌族，在社會行為方面靠攏於羌族，從而他們之間相互依存，形成類聚的特徵。〔註46〕

15. 朱子彥、呂磊，〈論漢魏之際羌胡化的涼州軍事集團〉，認為涼州兵極具戰鬥力，靠外部力量是很難將其打垮的。主要原因乃是董卓死後，其麾下將

〔註42〕毛漢光，〈三國政權的社會基礎〉，《中國中古社會史論》（台北：聯經出版社，1988年），頁109。

〔註43〕王希恩，〈漢末涼州軍閥集團簡論〉，收錄於《甘肅社會科學》，1991年，第二期，頁71。

〔註44〕方詩銘，〈董卓對東漢政權的控制及其失敗〉，〈史林〉，1992年，第2期。

〔註45〕王北固，〈涼州兵團在三國史上的特殊地位——從馬超助劉備取蜀說起〉，收錄於《開封大學學報》，2000年，第三期。

〔註46〕曹寧，《從《後漢書》重新審視東漢政府對羌政策》（西安：西北大學碩士論文），頁35。

領爲爭奪領導權而展開不斷的內鬨，結果使涼州軍元氣大傷，四分五裂。
〔註47〕

第三節　研究方法

　　《後漢書》之〈西羌傳〉，可以說是最早記載東漢河湟羌人紀錄的史料，歷來被作爲研究羌人相關歷史，尤其是對五胡十六國至南北朝以前的基本依據。范曄在〈西羌傳〉中追溯了羌人起源，種落遷徙的路線、活動的範圍、經濟生產、習俗、等諸多方面都有提及；特別是對於河湟羌與東漢相關互動的記載，非常詳細。

　　拙作以《後漢書》中之〈西羌傳〉爲主要史料，輔以散見於兩漢書中的漢羌互動，透過歸納整理漢代官方視角之記錄，來側面觀察羌人與漢帝國的互動與摩擦，務求整理出羌人反抗之背景，以及東漢以後屢屢起事之原因。在論述過程中，使用相關研究者的成果，如遊牧族群的生活方式、漢帝國的對羌政策等等，與《後漢書》中之史料相互映證，以便建構出東漢時代的大西北背景。

　　涼州部分以《史記》《漢書》、《後漢書》中，透過史料分析，解釋了何以涼州之前身，即河西地區，從最早出自漢帝國的戰略重要性而將之征服，中期以後成爲漢與西域的橋樑，最後成爲中原帝國的核心版圖之一。此外透過歷史地理學者所統計的涼州土地資源分佈，可以理解該地擁有多元的經濟生產方式。

　　涼州軍團部分，當以《後漢書》、《三國志》爲主要史料，由董卓及其部將之傳記，組合出涼州集團旋起旋滅的過程，再以相關學者之研究、期刊論文等作爲輔助，以進行論述。

第四節　論文架構

　　本論文共分五章，架構安排如下：
　　第一章「緒論」，爲本論文選題之動機與目的，以及相關的前人研究成果、研究方法與研究架構。

〔註47〕朱子彥、呂磊，〈論漢魏之際羌胡化的涼州軍事集團〉，收錄於《軍事歷史研究》，2007年，第三期，頁114。

　　第二章「東漢羌人暴動」，本章定義了兩漢時期的「羌人」，了解其生活環境，社會組織等，分析羌人爲何屢屢反抗，最後論述羌人反抗的階段性。

　　第三章「涼州的割據潛力」，本章探討方向是涼州的戰略重要性，以及該地之各種資源分布，推論涼州是否有成爲割據軍閥之潛力。

　　第四章「董卓與涼州軍團」，本章所欲了解的是董卓與涼州軍團崛起的過程，及其成員與涼州之關聯，最後則是涼州軍團之滅亡。

　　第五章「結論」，綜合各章要點，舉出個人論述成果、心得。

第二章　東漢羌人暴動

第一節　東漢羌人的源流

「羌」一字，東漢著名的經學家許慎，在其作《說文解字》中認爲羌是「西戎牧羊人」的意思，〔註1〕早在商周時期的甲骨文就已經出現代表羌人的符號。被用來稱呼商人部落西北疆域的遊牧族群，是帶有敵意的一種蔑稱，按照商代勢力範圍推測，這些被稱作羌人的族群，應當生活在陝西以東、山西南部，最早並非是一群自稱爲羌人的族群。商周革命之際，羌人成爲周的盟友，在滅商之戰中出力甚多，作爲回報，周將羌人功臣集團提升爲封國諸侯，並與周王室世代聯姻，淡化自身羌人色彩，並融入了華夏族群。周代以後，華夏的自我意識逐漸形成，原先西方的周、秦人和戎人，也成爲了華夏。隨著華夏勢力不斷的擴大，接觸那些生活在更西方的異族人群，又稱呼他們爲「羌人」。因此，羌人並不是世代居住在西方的某一支民族，而是華夏心中，一種對西方異族的「概念」，這個概念表達了「西方那些非我族類的人」，由商代到兩漢對西方的擴張，「羌人」的概念也隨之向西推移。〔註2〕兩漢時期的羌人，主要是稱呼那些生活在黃河上游與湟水流域的當地土著，約在今日甘肅西南與青海東部，〔註3〕他們與商周時期的羌人並無直接的關係。

關於羌的源流，大致有三種觀點，一是由王明珂爲代表，如上所述，另一種觀點以馬長壽爲代表，馬氏在其著作《氐與羌》中論述有關古羌人的源流，馬氏

〔註1〕 許慎著、蔣人傑編、劉銳審訂，《說文解字集注》卷4上（上海：上海古籍出版社 1996 年），頁 752～753。

〔註2〕 王明珂，《華夏邊緣：歷史記憶與族群認同》（臺北：允晨文化出版社，1997年），頁 227～228。

〔註3〕 王明珂，《遊牧者的抉擇：面對漢帝國的北亞遊牧部族》（桂林：廣西師範大學出版社，2008 年），頁 158。

認為以現今（1984 年）的考古文物不足，難以對古羌人的源流提出更多的證據，只能做保留的推測。不過馬氏認為在羌人分佈的中心，河曲一帶出現了許多新石器時代的遺物，它們的創造者有可能是古羌人，抑或者是古羌人的祖先。〔註4〕第三種觀點以冉光榮、任乃強為代表，冉氏等著作《羌族史》的觀點接近於馬長壽，認為在湟水流域一帶的新石器時代遺址如馬家窯、半山等遺址，有可能就是羌人的遠祖生活過的遺跡。〔註5〕任乃強在其著作《羌族源流探索》中認為，羌人的源流是青藏高原的原住民，在經過人口增長後，其中一部分人便離開高原，向外遷徙擴散，分散出許多支系，其中一支就是羌人。〔註6〕

兩漢時期被稱為羌人的族群分佈範圍十分廣泛，主要包括今新疆地區的羌人、河湟地區的羌人、今羌塘高原的羌人。這些俱稱為「羌」的人群大部分是世居於當地的土著，與商周及先秦時期的羌人並非一脈相承，也是所謂的「漢」人對疆域西部土著遊牧人群的統稱。然而在兩漢四百多年中，被稱為「羌」的人群一部分漢化了，一部分以河湟羌人為核心逐漸凝聚為一個共同體，並產生羌人自我認同。這種族群意識亦延續至魏晉南北朝時期。與兩漢相比，魏晉南北朝時期的羌人範圍要更集中一些，主要生活於涼州、秦州及益州西北部，由於北方政權更迭頻繁，政權成分複雜，各族群互動頻繁，所以內徙至塞內各郡的羌人之族群意識至此已逐漸弱化了。涼州、秦州、雍州地區的羌人就逐漸被漢化或融合於其他非漢族群中去。而遷徙至益州西北部的一部分羌人則保留了比較完整和清晰的羌人認同，並與當地土著互相融合，形成新的「羌」人。〔註7〕

由商代到東漢，作為「華夏邊緣般」的「羌人」概念由豫西、晉南逐步西移，所過之處的人群都成了華夏，終於在漢魏晉時它移到青藏高原的東緣。如果我們將漢代的河湟羌、參狼羌、白馬羌、大牂夷種、龍橋、薄申等羌與旄牛羌，由北至南連成一道線，這條線便是漢代以「羌」的異族概念來劃分的華夏西方族群邊緣。這個成於東漢魏晉時的西部「華夏邊緣」也是漢人的西部族群邊緣。〔註8〕

〔註4〕馬長壽，《氐與羌》（上海：上海人民出版社，1984 年），頁 91。

〔註5〕冉光榮、李紹明、周錫根，《羌族史》（成都：四川人民出版社，1984 年），頁 9。

〔註6〕任乃強，《羌族源流探索》（重慶：重慶出版社，1984 年），頁 12。

〔註7〕常倩，《商周至魏晉南北朝羌人問題研究》（上海：華東師範大學博士論文，2011 年），頁 7。

〔註8〕王明珂，《羌在漢藏之間——川西羌族的歷史人類學研究》（北京：中華書局，2008 年），頁 149～150。

當代羌族是中國在 20 世紀 50 年代進行民族識別工作時，將主要聚居於四川西北部茂汶地區的人群識別為「羌」族，並以民族（Ethnic）視之。民族識別工作是中國 20 世紀五、六十年代特定歷史條件下的特殊工作，有其特殊文化及社會政治背景。然而將古代不同歷史階段出現的稱為「羌」都視為羌族，則不符合歷史事實，也不能準確的表達這些人群在特定歷史階段的發展狀態。現代羌族主要聚居地在四川省阿壩藏族羌族自治州的茂縣、汶川、理縣，綿陽市北川羌族自治縣，其餘散居在阿壩州松潘、黑水等，甘孜藏族自治州的丹巴縣，綿陽市平武縣，貴州省江口縣、石葉縣，甘肅南部，四川西南，雲南部分地區。據中國第五次人口普查，現有人口約 31 萬。〔註9〕

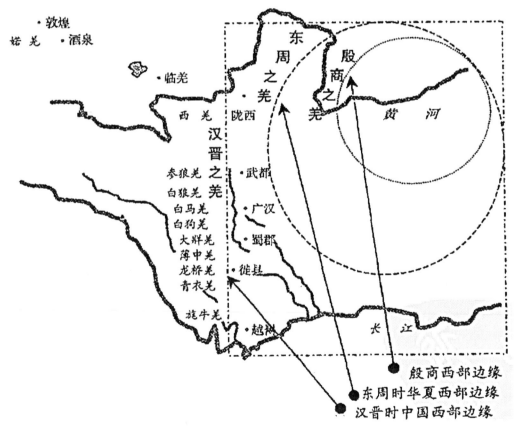

【圖 1】商至漢晉間華夏邊緣的變遷〔註10〕

〔註9〕常倩，《商周至魏晉南北朝羌人問題研究》，頁7。
〔註10〕王明珂，《羌在漢藏之間——川西羌族的歷史人類學研究》，頁146。

　　而兩漢所指的羌，即河湟羌。河湟羌人的始祖無弋爰劍，是秦國的逃奴，來自連秦人都不清楚的部落，由於其奇異的事蹟，被河湟諸部推舉為首領，並在當地繁衍生息，其部落為羌人大族，子孫世為首領，河湟羌的種落多半是他的後裔。由此可見，商周時代的「羌」與兩漢的「西羌」河湟羌並無直接的關係。

第二節　羌人暴動的背景

　　東漢的羌人反亂，是延續著漢武帝時邊境政策與移民帶來的問題之一。而羌人作為東漢最棘手的「邊患」，他們不同於匈奴、鮮卑，這兩者居住在廣大但生存資源極不穩定的北亞草原和少數的森林地帶，因此他們必須集中所有部落的力量來突破中原長城封鎖，藉以取得生存資源。〔註11〕反觀羌人群居的河湟一帶，多是高山河谷，在高山放牧牲畜，在河谷種植穀類，或在這兩者之間狩獵，大體而言可以維持生計。

　　羌人的生存環境是以高山河谷進行山牧季移（Transhumance），是一個相對封閉，又勉強自給自足的狀態。土地肥沃的河谷、山谷成為生活的穩定保障，而且更有助部落的發展，羌人部落自然奮力保護或者爭奪這些資源。如是者，各部落只著眼於保護本身利益和向外擴張，導致無止盡的部落戰爭，面對漢帝國時，羌人各部只能結成暫時性的聯盟，而每次結盟前他們必先講和，解除仇怨，並歸還人質。戰爭結束後，聯盟亦隨之瓦解，各個部落又回到你爭我奪的戰鬥之中，因此難以發展成「超部落」的「國家」一類經常性政治組合。〔註12〕故正常情況下難以形成一個超越部落的政治實體，來突破中原的資源封鎖，因此羌人從未要求和親或互市，但為什麼與漢帝國展開曠日時久的戰爭呢？東漢中葉以後，時人開始對於越鎮越烈的「羌亂」來反思，為什麼會出現漢「中興以來，羌寇最盛，誅之不盡，雖降復叛。」，〔註13〕的結果呢？其中又以段熲所主張「眾羌內徙」的脈絡最廣為時人認同，他們認為如果不把羌人徙往內郡，尤其是三輔地區，那麼羌人的問題就會停留在邊患，而不會上升到「眾羌內潰」的局面。如《後漢書》，卷五十五〈皇甫張段列傳〉載：

〔註11〕 王明珂，《遊牧者的抉擇：面對漢帝國的北亞遊牧部族》，頁 162、163。

〔註12〕 同上註，頁 175～176、191～194。

〔註13〕 范曄，《後漢書》，卷五十五〈皇甫張段列傳〉（北京：中華書局，1965 年），頁 2151。

昔先零作寇，趙充國徙令居内，煎當亂邊，馬援遷之三輔，始服終
叛，至今爲鯁。故遠識之士，以爲深憂。今傍郡户口單少，數爲羌
所創毒，而欲令降徒與之雜居，是猶種枳棘於良田，養虺蛇於室内
也。〔註14〕

羌人內附於漢帝國，大致可分爲政治與經濟上的內遷，即羌人因爲內戰失利
或是羌漢戰爭戰敗，受到漢帝國政策上的遷徙，值得注意的是，東漢建國後，
由於連年戰火導致人口凋敝；西漢平帝時，户有一千兩百二十三萬三千零六
十二，口五千九百五十九萬四千九百七十八，〔註15〕至光武帝建武中元二（57）
年，户四百二十七萬九千六百三十四，口兩千一百萬七千八百二十，〔註16〕
以上兩條關於户口的紀錄，可以得知西漢末年至東漢初期，總人口數下降近
三分之二，這對兵役、賦稅而言無疑是個巨大的缺口，作爲彌補，帝國將羌
人移往內郡，這已不是一個特例。例如西漢末涼州割據軍閥隗囂，爲增強自
身實力曾將羌人納入己方陣營，「初王莽世，羌虜多背叛，而隗囂招懷其酋豪，
遂得爲用。」〔註17〕而漢帝國將羌人遷往內郡，可能是出自國力上的考量。
經濟上的內遷，則是天災等諸因素導致牧群減產、穀物歉收，爲求生存不得
不依附於漢帝國。但王明珂認爲，以遊牧爲主要生產方式的族群，帶有一種
遊牧世界的「平等自主性（egalitarian）」，〔註18〕這種特性體現在遊牧族群的
機動力與家族分支分散性，這和權力的集中與社會階層化（sociopolitical
stratification），是彼此矛盾的方向。遊牧之「遊」，並非只限定於尋覓水源、
草場與適宜的環境所進行的移動，其背後的意義更在於躲避各種人爲與自然
的「風險」，這包括了權力控制與階級的剝削，因此遊牧之「遊」更代表了遊
牧族群的認同、社會結構、價值與道德觀。〔註19〕因此，我們不能一廂情願
的認爲羌人內附，是羨慕漢帝國相對發達的生產力與環境，更可能的只是羌
人的權宜之計而已。

　　「塞」是在《後漢書》〈西羌傳〉中經常被提及的名詞，多是在敘述羌
人「入塞」、「叛出塞外」、「寇某塞」、「亡出塞」，或者帝國遣軍「出塞」進

〔註14〕同上註，頁 2151。
〔註15〕班固，《漢書》，卷二十八下〈地理志〉（北京：中華書局，1962 年），頁 1640。
〔註16〕范曄，《後漢書》，志二十三〈郡國五〉，頁 3534。
〔註17〕范曄，《後漢書》，卷十五〈李王鄧來列傳〉，頁 588。
〔註18〕王明珂，《遊牧者的抉擇：面對漢帝國的北亞遊牧部族》，頁 32。
〔註19〕同上註，頁 20。

行征伐，在整個西羌傳中出現有 41 次之多，那麼「塞」到底指的是什麼呢？塞，有阻塞內外的意思，〔註 20〕勞榦認為，漢代的西部長城並不完全連成一體，某些地方甚至是用木柵來防禦，漢長城大致分佈在農業生產範圍的極限，超出這個範圍，例如說北方的草原、大漠或河湟地區的高原河谷，以當時的物質條件難以轉輸物資、修築城牆，只能仰賴零星的哨點作為偵候，因此「塞」指的就是漢代邊境防禦工事的總稱，其中包含了高級官員居住的「城」、駐軍武官居住的「障」、基層軍官居住，具有示警作用的「亭燧」。〔註 21〕邵台新認為，漢代河西地區的開拓，先始於亭障的設立與駐軍的屯墾，接著在發展出邊牆與民屯，隨之接納更多的移民，最後建立起與內郡一樣的地方行政組織，而原先的戍卒則移至河西地區外圍的邊塞上，專為候望。〔註 22〕

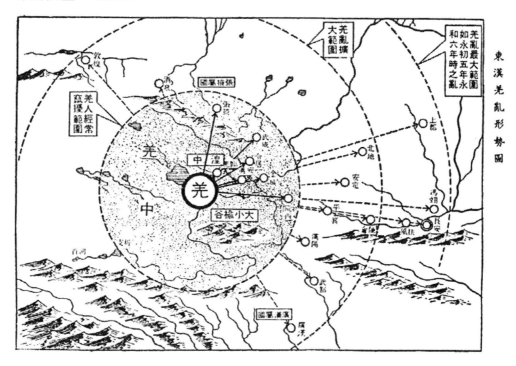

【圖 2】東漢羌亂形勢圖〔註 23〕

〔註 20〕勞榦，《勞榦學術論文集：甲編》上冊（臺北：藝文印書館，1976 年），頁 699。
〔註 21〕同上註，頁 700～701。
〔註 22〕邵台新，《漢代河西四郡的拓展》（臺北：臺灣商務印書館，1988 年），頁 16。
〔註 23〕陳致平，《中華通史》第二冊（臺北：黎明文化公司，1974 年），頁 333。

第三節　羌人暴動的原因

自東漢帝國建立以來，居住在河湟地區的羌人諸種，其威脅逐漸取代匈奴，成爲漢帝國最大的外族問題。史家探究羌人反抗的原因，隨著時代不同、進而產生觀點的歧異，統治者角度以「夷貊殊性，難以道禦」，〔註24〕來解釋這些野蠻人終究無法受道德律法所節制；班彪年輕時曾避戰禍於河西，對於羌人也有自己的見解，因此在建武九（33）年上奏光武帝，見《後漢書》，卷八十七〈西羌傳〉載：

> 今涼州部皆有降羌，羌胡被髮左衽，而與漢人雜處，習俗既異，言語不通，數爲小吏黠人所見侵奪，窮恚無聊，故致反叛。夫蠻夷寇亂，皆爲此也。〔註25〕

點出了羌人反抗的其中一環，即是風俗語言與漢人不同，又飽受官吏欺凌，因此班彪認爲在這一點上，蠻夷的暴亂都帶有這種原因。

東漢時期共有五次大規模羌人暴動，馬長壽認爲：第一次是從建初二年至永元十三年（西元 77 年～西元 101 年）；第二次是從永初元年至元初五年（西元 107 年～西元 118 年）；第三次是從永和四年至永嘉元年（西元 139 年～西元 145）；第四次是從延熹元年至建寧二年（西元 159 年～西元 169 年）；第五次是從中平元年至建安十九年（西元 184 年～西元 214 年），〔註26〕而小規模暴動和河湟以外的羌亂，更是連綿不絕。帝國情勢危急的程度，如安帝在位時期，甚至同時與南匈奴、烏桓、鮮卑作戰的局面。

雖然在西羌傳中所指的西羌，即河湟羌人，但並不表示戰亂最熾烈地方就在羌人的老巢，而是在涼州金城（今蘭州市）郡以東、漢陽（今天水）郡以北至安定（今固原）郡的地帶。羌人暴動的發生地大致上在涼州地區的邊郡，其中又以金城、隴西、武都直接遭受劫掠最多，主要是因爲這些地區與羌人主要活動區域在地理上最爲接近，其中尤以金城郡爲最，金城郡是扼守通往河湟的大城，不論漢軍進攻羌人，抑或是羌人暴動，均圍繞著金城郡展開。涼州所轄之郡中（隴西、金城、漢陽、安定、武威、張掖、敦煌、酒泉）中，直接與羌人生活區域重疊的是金城、隴西、武都，金城和隴西郡以西爲燒當羌主要生活區域，武都郡則鄰近參狼羌。

〔註24〕范曄，《後漢書》，卷八十七〈西羌傳〉，頁 2901。
〔註25〕范曄，《後漢書》，卷八十七〈西羌傳〉，頁 2878。
〔註26〕馬長壽，《氐與羌》（上海：上海人民出版社，1984 年），頁 120～121。

關於羌人暴動的性質，有別於西漢之匈奴，並非是異民族向漢帝國侵略之關係，而是漢帝國在向西北拓展版圖時所衍生的族群問題，馬長壽認為，既然羌人的生活區域已被劃入漢帝國的版圖之中，西羌也是漢帝國的子民，他們在西北地區與漢民雜處而居，其生產方式、語言文化，既是互相影響，也互相傳播，在這種情況下，將羌人之動亂視為外患問題，恐怕是不符合歷史事實的，〔註27〕東漢的「羌禍」，與西漢匈奴之叩關、隋唐時突厥之逼境、明代瓦剌之侵邊，是性質不同的事件，「羌禍」頻發於漢帝國西北疆域，其性質屬於「內潰」而非邊患，「內潰」的前提在於羌人已廣泛分佈於漢帝國的內部，故論述西羌之「患」，必須從「內屬」開始觀察。〔註28〕

探究羌人暴動之原因，就不能忽略傳統「眾羌內徙」的觀點，這種帶有漢人視角的詮釋，在論述族群問題時就容易陷入歧視羌人的心理。承續在這種思維的發展下，也許是當下視角所侷限，中原受劫掠的士庶往往視羌人為掠奪成性的野蠻人，而非思考為何羌人在如此漫長的時間裡，依然前仆後繼地起事。如段熲列傳中與桓帝的對奏所言：「臣以為（羌人）狼子野心，難以恩納，勢窮雖服，兵去復動。唯當長矛挾脅，白刃加頸耳。」〔註29〕其憤慨之情溢於言表，段熲是武威人，也是羌人暴動所波及的範圍，他的一生有大半都在戍邊中度過，對於羌人暴動可以說是親身經歷。段熲所主張的武力鎮壓，足以見證邊境居民對於羌人滋擾的憤怒。

關於羌人內附，史料中記載，河湟羌人首次自願內附，是發生於漢景帝年間「研種留何率種人求守隴西塞，於是徙留何等於狄道、安故，至臨洮、氐道、羌道縣。」〔註30〕王力在〈西羌內遷述論〉中認為，西羌內遷可分為政治性內遷和經濟性內遷兩類，政治性內遷主要指由大規模的戰爭引起、戍邊或維護統治的需要而將西羌強制性的遷入內地。經濟性內遷指西羌從生產水準相對落後的原居地自願遷入先進的內地。〔註31〕筆者大致認同，但在王力之論述上補充一些，就內附而言，從漢帝國的角度來看，這些西邊的蠻夷臣服於漢帝國的權

〔註27〕同上註，頁 111。

〔註28〕楊永俊，〈論西羌內屬及其對東漢「羌禍」之影響〉，《宜春師專學報》，第 21卷第 3 期，1996 年，頁 37。

〔註29〕范曄，《後漢書》，卷五十五〈皇甫張段列傳〉，頁 2148。

〔註30〕范曄，《後漢書》，卷八十七〈西羌傳〉，頁 2876。

〔註31〕王力，〈西羌內遷述論〉，《貴州民族研究》，第 24 卷，第 4 期，2004 年，頁160。

威，同時也承認漢帝國是北亞政治秩序的化身，對於漢帝國而言，來自四方的
蠻夷臣服於天子的權威，這類政治事件對於加速天下的概念的形成，是股不小
的推力；而從河湟羌人的角度來看，草原上的畜產累積既緩慢又不穩定，一次
大風雪或傳染病，就會將數年苦心經營的成果化為烏有，除了向其他部落劫掠
之外，便是依附其他更大一點的部落，以求生存。如在西羌傳中的描述「強則
分種為酋豪，弱則為人附落，更相抄暴，以力為雄。」〔註32〕羌人有崇尚強者
的傳統，但不意味著強者擁有對所有河湟部落的統治權，也許在最早的河湟羌
人眼中，東邊是一個叫漢「種」的大部落，底下又有金城「部」、隴西「部」等
等，故內附之舉，很可能就是羌人依附習慣的延伸。

【表1】〈西羌傳〉中主要羌系遷徙表〔註33〕

部落名	原居地	內郡分佈地區
先零羌	大小榆谷	金城、漢陽、隴西、北地、扶風
燒當羌	大允谷	金城、漢陽、隴西、北地、安定
卑湳羌	大小榆谷	金城郡安夷縣
罕开羌	湟水流域	北地、金城、關中
牢姐羌	金城郡	隴西、上郡
封養羌	河湟地區	隴西、漢陽
彡姐羌	河湟地區	隴西
勒姐羌	河湟地區	隴西、武都、漢中
當煎羌	金城郡	三輔
燒何羌	張掖郡	金城、安定
鐘羌	大小榆谷	隴西

羌人的遷徙，不論是政治上或經濟上的目的，其次數與規模都是非常龐大
的，直至東漢末葉時，西北各郡至三輔地區都充滿著羌人，或他們的混血後代。
在戰亂中，關中平原的人口大量死亡或外遷，由於大多數羌人聚居在渭北高原
或盆地的邊緣，損失遠比漢人為小，所以到曹操統一北方後，羌人在西北和關
中的人口中已經佔有相當大的比例，可能多達數十萬，甚至接近百萬。〔註34〕

〔註32〕范曄，《後漢書》，卷八十七〈西羌傳〉，頁2869。
〔註33〕係根據《後漢書》〈西羌傳〉整理。
〔註34〕葛劍雄，《中國人口史》第一卷，導論、先秦至南北朝時期（上海：復旦大學
　　　　出版社，2002年），頁431。

「西羌」之名始見於西漢，泛指那些生活在以河湟地區爲中心的當地羌人，因其多生活於塞外，故又稱塞外羌；東漢以後出現東西羌之分，胡三省在《資治通鑑》中的註釋認爲東羌與西羌之分別在於：「羌居安定、北地、上郡、西河者，謂之東羌；居隴西、漢陽，居延及金城塞外者，謂之西羌。」〔註 35〕意即西羌是原本生活於塞外之羌人，而東羌就是被遷徙進內郡的羌人。

整個東漢時期的羌人頻繁劫掠與遷徙活動，大致可以從幾個方向來觀察：

（一）天災問題

氣候的異動對於不同族群的生產方式會帶來衝擊，秦漢的氣候曾發生相當大的變化，顯著的變化，大抵在兩漢之際，氣候有由暖轉寒的趨勢，〔註 36〕這對羌人在河谷山牧季移時勢必受到直接影響，因爲河湟地區可供放牧的草場很可能會跟著縮小，河谷中的穀物也自然歉收。遊牧族群在面臨生存挑戰時，傾向分散成各個小牧團（camp）各自求生，〔註 37〕增加生存機會，或依附其他更大的牧團，或遷入自然環境較爲和緩的塞內，也有是互相劫掠，襲擊漢人定居點的舉動。在〈西羌傳〉中少有敘述天災對於羌人的直接影響，但可以從〈南匈奴傳〉中得到旁證，即天災對於遊牧經濟的干擾。見《後漢書》〈南匈奴列傳〉載：

> （建武）二十二年……匈奴中連年旱蝗，赤地數千里，草木盡枯，
>
> 人畜飢疫，死耗太半。〔註 38〕

《後漢書》〈南匈奴列傳〉又載：

> 章和二年……時北虜大亂，加以飢蝗，降者前後而至。〔註 39〕

足可見惡劣的氣候與天災對於遊牧族群帶來的傷害，河湟羌人雖然有一定程度的農業生產，但僅於輔助性質而已，所謂「民三年耕而餘一年之食」，〔註 40〕在賈誼的年代，正常農民都要連續收穫三年，才能有一年份的餘糧，天災難以預測，而西北乃至於河湟地區的生產條件，又是不是達到能和賈誼所認

〔註 35〕 司馬光，《資治通鑑》，卷五十二（北京：中華書局，1956 年），頁 1689。

〔註 36〕 王子今，〈秦漢時期氣候變遷的歷史學考察〉，《歷史研究》，1995 年，第二期。

〔註 37〕 王明珂，《遊牧者的抉擇：面對漢帝國的北亞遊牧部族》，頁 26。

〔註 38〕 范曄，《後漢書》，卷八十九〈南匈奴列傳〉，頁 2942。

〔註 39〕 同上註，頁 2952。

〔註 40〕 賈誼，《新書校注》，卷三〈憂民〉（北京：中華書局，2000 年），頁 124。

知的收穫量呢？筆者認爲是難以負荷的。

東漢時期，氣候發生相當顯著的變化，在東漢初期至曹魏時代，竺可楨以張衡〈南都賦〉中，提到南陽曾經盛產橘子，再到魏武於銅雀臺種橘，但未得果實，來解釋氣候有逐漸由暖轉寒的趨勢，〔註 41〕氣候的變化帶來的影響是羌人大量內遷的主要原因，就生存條件而言，頻繁爆發的天災又給內遷羌人的生存帶來了巨大的威脅。

兩漢的天災發生頻率相當密集，據統計漢代或大或小的天災共計有 346件，自然災害的種類繁多，有水災、旱災、蝗災、地震、瘟疫、淫雨、冰雹、霜雪等……可見，漢代不僅天災多，而且發生的頻率也很高。〔註 42〕

【表 2】東漢涼州天災簡表〔註 43〕

發生時間	事　件	出　處
光武帝建武二（26）年	涼州大旱，麥歉收，民大饑	《河西志》〔註 44〕
光武帝建武二十九（53）年	武威、酒泉蝗	《五涼全志》〔註 45〕
明帝永和四（62）年	酒泉大蝗，從塞外入	《甘肅通志》〔註 46〕
和帝永元五（93）年	隴西地震	《後漢書》〔註 47〕
和帝永元九（97）年	隴西地震	《後漢書》
安帝永初二（108）年	湟中饑荒	《西寧府新志》〔註 48〕
安帝永初三（109）年	京師及郡國雨水雹，並、涼州大饑，人相食	《後漢書》
安帝元初二（115）年	涼州大風拔樹	《古浪縣志》〔註 49〕

〔註 41〕竺可楨，〈中國近五千年來氣候變遷的初步研究〉，《考古學報》，1972 年，第一期。
〔註 42〕黃今言、溫樂平，〈漢代自然災害與政府賑災行跡年表〉，《農業考古》，2003年第三期。
〔註 43〕本表參考自呂志明，《魏晉五涼時期河西政治之研究》（臺北：文化大學碩士論文，1995 年），頁 6。
〔註 44〕同上註。
〔註 45〕同上註。
〔註 46〕同上註。
〔註 47〕同上註。
〔註 48〕同上註，頁 7。
〔註 49〕同上註。

發生時間	事　件	出　處
順帝永建三（128）年	京師地震，漢陽地陷裂	《後漢書》
順帝永和三（138）年	京師及金城、隴西地震，二郡山崩	《資治通鑑》〔註50〕
順帝漢安元（142）年	張掖、敦煌大旱，民大饑	《河西志》
順帝漢安二（143）年	涼州地百八十震	《後漢書》
靈帝光和三（180）年	地震，湧水出	《後漢書》
靈帝光和六（183）年	金城河水溢	《後漢書》

　　而就東漢一朝的災害發生情況來說，以安帝時為界，安帝以前；安帝時；順帝以後。安帝以前，雖然災害較西漢時期頻繁，但與東漢中期相比，仍相對較少，東漢的自然災害以安帝時期（107 年～125 年）最令人注目，安帝在位 19 年，卻發生災害 89 次：水災 17 起、旱災 14 起、地震 26 起、蝗災 8 起、風災 14 起、冰雹 8 起、瘟疫 2 起，平均每三個月發生一次，居兩漢諸帝之冠。〔註51〕

　　由於天災所導致的人口銳減，直接反映了兩個問題，一是從事生產的青壯年人口下降，進而導致糧食短缺；二是因為逃荒而四處流竄的饑民，是社會問題的潛在威脅。安帝在位年間，是東漢天災最頻繁的時期，在《後漢書》〈安帝紀〉中，曾多次提及天災後的飢荒問題，其中以永初三（109）年京師大飢，〔註52〕以及同年底爆發的并、涼州大飢荒、人相食，〔註53〕最能看出帝國的賑濟之策是否達到效益。這兩起發生於內遷羌人居住地的大飢荒，受到波及的羌人災民也不少於漢人，內遷羌人既是帝國的最基層，在天災的襲擊下，生命也飽受威脅。但是，在東漢立國以來羌人屢次劫掠邊境，所帶來的生命財產損失，也不亞於天災，因此在漢人之中可能有許多飽受其害的敵視者，帝國的賑濟手段是不是能有效傳達到羌人身上；安帝在位 19 年，該次羌人暴動一直持續到安帝在位的第 15 年，這實在是一個值得思考的問題。

〔註50〕同上註。
〔註51〕謝婷，《東漢安順時期的「涼州問題」》（武漢：華中師範大學碩士論文，2009年），頁 35。
〔註52〕范曄，《後漢書》，卷五〈孝安帝紀第五〉，頁 212。
〔註53〕同上註，頁 214。

（二）羌人的生存壓力

在〈西羌傳〉中主要論述的對象，指的是散居於黃河河曲、湟水的原住民，大抵在今日的青海省東南至甘肅臨夏西北一帶，其生活範圍包含祁連山南麓大通河至青海湖一帶，均是羌人重要的發展區域與賴以生存的水源，楊永俊在〈論兩漢時期羌漢戰爭中的「羌中之利」〉中認為在這個區域適合放牧與耕種的地方有三處：一是湟水流域谷地與大通河流域，其二是西海之畔（即今青海湖），此處湖邊河畔的草場水草豐美，宜於放牧，其三則大、小榆谷及其附近大允谷一帶，即黃河河首兩岸谷地由於是沖積河谷，故這裡土質疏鬆肥沃，水源充沛，是羌人牧業比較發達的祖居之地。〔註54〕在有限的生存空間裡，管東貴認為在史料紀錄中，河湟羌人至少先後發展出三十幾股大種落，〔註55〕由於當時對羌人口統計的困難，我們難以想像三十幾股的種落到底是什麼樣的概念，但在〈西羌傳〉中，曾敘述鍾羌強大的程度，達到「唯鍾最強，勝兵十餘萬」，〔註56〕遊牧族群的生產與作戰往往離不開青壯年人口，因此男子平時為牧人，戰時上馬為戰士，可以說是全民皆兵的動員方式，但一個族群有青壯年人口，當然也有不上戰場的老弱婦孺存在，因此筆者認為，鍾羌的人口數至少有十多萬存在，包括其他依附的小種落等，又或著是某種交質聯盟下的集合體。

一個大的羌人部落能達到幾十萬人口，而且這樣的部落不止一個。羌人彼此之間的競爭已經非常大，而漢武帝開始擴張其帝國到河西走廊，羌人的生存空間大大萎縮，資源亦更缺乏。兩者結合，當羌人生計受到損害的話，他們可以選擇的似乎只有武力抵抗或者投降內附兩途。〔註57〕

鍾羌的根據地在黃河河曲的南岸，即大小榆谷，王明珂認為該地當在今日青海省貴德縣一帶，如下圖。

〔註54〕楊永俊，〈論兩漢時期羌漢戰爭中的「羌中之利」〉，《西北史地》，第三期，1998年，頁6。
〔註55〕管東貴，〈漢代的羌族（上）〉，《食貨月刊》，第一卷、第一期，1971年，頁15～20。
〔註56〕范曄，《後漢書》，卷八十七〈西羌傳〉，頁2898。
〔註57〕尚新麗，〈秦漢時期羌族的遷徙及社會狀況〉，《南都學壇（哲學社會科學版）》1997年第5期，頁4～6。

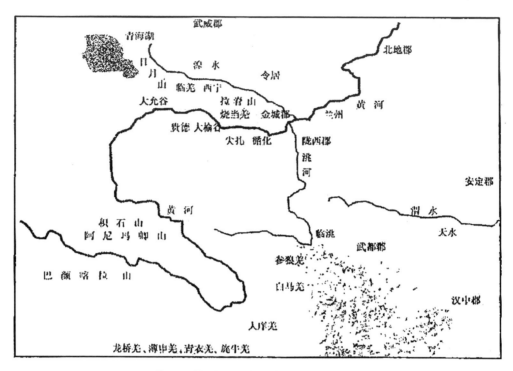

【圖3】大小榆谷位置圖〔註58〕

　　湟水及黃河沿岸的河谷是亦農亦牧的地區，特別是大小榆谷，是個適合繁衍生息的基地，也是眾羌爭奪的「羌中之利」。在〈西羌傳〉中，時人分析燒當羌爲何可以成爲強大的部落，認爲正是此處有得天獨厚的環境，見《後漢書》，卷八十七〈西羌傳〉中載曹鳳所言：

> 隃麋相曹鳳上言：「西戎爲害，前世所患，臣不能紀古，且以近事言之。自建武以來，其犯法者，常從燒當種起。所以然者，以其居大、小榆谷，土地肥美，又近塞內，諸種易以爲非，難以攻伐。南得鍾存以廣其眾，北阻大河因以爲固，又有西海魚鹽之利，緣山濱水，以廣田蓄，故能彊大，常雄諸種，恃其權勇，招誘羌胡。今者衰困，黨援壞沮，親屬離叛，餘勝兵者不過數百，亡逃棲竄，遠依髮羌。臣愚以爲宜及此時，建復西海郡縣，規固二榆，廣設屯田，隔塞羌胡交關之路，遏絕狂狡窺欲之源。又殖穀富邊，省委輸之役，國家可以無西方之憂。〔註59〕

〔註58〕 王明珂，《遊牧者的抉擇：面對漢帝國的北亞遊牧部族》，頁159。
〔註59〕 范曄，《後漢書》，卷八十七〈西羌傳〉，頁2885。

大小榆谷土地肥美、宜放牧，更有黃河天險可依恃，本來就是河湟群羌所爭奪焦點之一，羌人在此處原先奉行著一種平衡，即草原上諸種落爲了生存資源互相火併，弱小者附屬於強大者，但隨著兩漢版圖不斷的向西北擴大，帝國勢力也深入河湟地區，在此進行屯田政策、鞏固統治。最早建議在河湟屯田的是西漢趙充國，他所提出的屯田政策中，主要就是在羌人肥沃河谷中屯田，達到弱羌之效。管東貴認爲東漢時期有兩次大規模的屯田，一是在和帝永元年間採納隃糜相曹鳳之建言，屯田於龍耆，後又以金城長史上官鴻上開置歸義、建威屯田。另一次則在順帝永建四（129）年，採納了尚書僕射虞詡的意見，屯田於湟中兩河間；陽嘉元（132）年，令侯霸於邯水東西增置五部屯田，並爲十部。列屯夾河，合三十四部。從地理上來看，自宣帝以後的屯田有逐漸深入羌人生活區域的趨勢。〔註60〕

　　隨著漢人不斷深入羌地的結果，導致羌人原有的秩序遭到打亂，也正因爲此處是羌人的生活的核心範圍，故兩漢帝國均極力將此處納入掌控之中，一方面釜底抽薪徹底打擊羌人、二方面將當地自然資源，如青海的鹽、湟中茂密的森林納入版圖中。西漢時趙充國之所以建議宣帝在此屯田，就是爲了彌補遠道行軍軍糧和鹽的不足，當時趙充國所率之兵，僅一個月就開銷巨大的補給，《漢書》，卷六十九〈趙充國傳〉載：

> 臣所將吏士馬牛食，月用糧穀十九萬九千六百三十斛，鹽千六百九十三斛，茭萬二十五萬二百八十六石。〔註61〕

這還只是西漢趙充國該次戰役所開銷的一部份而已，對照東漢動輒連年的漢羌戰爭，實在難以想像戰爭對於經濟帶來如此之大的傷害。

　　東漢中央政府所掌握的賦額似不過40億錢，大概爲36億錢左右。同樣，我們估算一下東漢各主要歷史時期的常賦收入：光武中元二年（57年）爲26億餘錢；明帝永平十八年（75年）爲42億餘錢；章帝章和二年（88年）爲53億餘錢；安帝延光四年（125年）爲59億餘錢；順帝建康元年（144年）爲60億餘錢，這從誅滅梁冀一案中也可得到證實，史載：「收冀財貨，縣官斥賣，合三十餘萬萬，以充王府，用減天下租稅之半。」〔註62〕若扣除地方

〔註60〕管東貴，〈漢代處理羌族問題的辦法的檢討〉，《食貨月刊》，第二卷、第三期，1972年，頁131。
〔註61〕班固，《漢書》，卷六十九〈趙充國辛慶忌傳〉，頁2985。
〔註62〕范曄，《後漢書》，卷三十四，〈梁統列傳〉，頁1187。

財政開支，中央政府所掌握賦額在東漢安帝前似不過30億錢，此後也不過36億錢。〔註63〕

　　如東漢安帝永初年間對羌戰事，所開銷的戰費更是高得驚人，《後漢書》，卷八十七〈西羌傳〉載：

　　　自羌叛十餘年間，兵連師老，不暫寧息。軍旅之費，轉運委輸，用二百四十餘億，府帑空竭。延及內郡，邊民死者不可勝數，並涼二州遂至虛耗。〔註64〕

以及「自永和羌叛，至乎是歲，十餘年間，費用八十餘億。」〔註65〕可見耗費之鉅。進入東漢後，政府仍延用西漢的屯田政策，並繼續逼迫羌人遷出河湟、大小榆谷，侵佔河湟羌人的鹽池及豐饒肥美之地。〔註66〕

　　就東漢一朝而言，由於帝國對羌人生活範圍的侵佔及地方官吏豪右對羌人的苛刻，使得羌人屢屢展開暴動，河湟群羌經常交質結盟出戰，且規模也越來越大。爲了避免其凝聚爲一個強大的共同體，東漢帝國遂將戰敗的河湟羌人不斷徙入邊郡及內郡，企圖在羌人尚未成氣候前，先將之瓦解。馬長壽在其作《氐與羌》中，對於兩漢帝國在河湟地區的屯田，做出了結論，他認爲統治階級的屯田政策始終是與西羌的農牧利益對立的。不論官兵的屯田有什麼好處，只要它是侵奪羌民的耕田和牧場，只要它建立在危害羌民利益的基礎上，就必然引起羌民的反抗。所以，從本質上看，兩漢在湟河地區的屯田是封建統治階級的土地所有制的繼續發展。〔註67〕控制羌人的主要生活範圍，斷絕他們賴以爲生的經濟來源，並借企圖用經濟制裁，來壓制羌人，結果不僅沒有使羌人心甘情願的臣服，反而成爲羌人暴動循環中的一環，同樣也給生活在涼州的漢帝國子民帶來百年的動盪、貧困。

（三）東漢邊政失當

　　本節將探討東漢邊政失當，導致羌人屢起暴動等問題，筆者從三個大方向出發，試圖整理出羌人──涼州──漢帝國之間的關係。

〔註63〕付火水、羅亨江，〈東漢經濟與邊防政策〉，收錄於《歷史研究》，2011年，第二期，頁11。
〔註64〕范曄，《後漢書》，卷八十七〈西羌傳〉，頁2891。
〔註65〕同上註，頁2897。
〔註66〕常倩，《商周至魏晉南北朝羌人問題研究》，頁55。
〔註67〕馬長壽，《氐與羌》，頁116。

（1）東漢前期對涼州之存廢議題擺盪不定

這對於涼州與羌人的施政方針有莫大之影響。主張放棄涼州的有大將軍鄧騭等，他們認為帝國飽經天災飢荒、財政疲弊，再加上連年對羌作戰，百姓苦不堪言。《後漢書》載：

> 永初四年，羌胡反亂，殘破並、涼，大將軍鄧騭以軍役方費，事不相贍，欲棄涼州，並力北邊，乃會公卿集議。騭曰：「譬若衣敗，壞一以相補，猶有所完。若不如此，將兩無所保。」議者咸同。〔註68〕

大將軍鄧騭主張放棄涼州，集中力量對付南匈奴與烏桓、鮮卑入侵，以及賑濟永初三（109）年的京師大饑荒，這一項提議獲得不少朝臣認同，史載「議者咸同」。鄧騭等人的放棄領土論調並非首例，早在光武帝時代就有朝臣以破羌縣以西「塗遠多寇」，有統治上的困難，也提議過放棄領土，《後漢書‧馬援列傳》載：

> 是時，朝臣以金城破羌之西，塗遠多寇，議欲棄之。援上言，破羌以西城多完牢，易可依固；其田土肥壤，灌溉流通。如令羌在湟中，則為害不休，不可棄也。〔註69〕

當年馬援以破羌縣一帶，也就是湟中深處，城防嚴密、田地肥沃，尚有抗擊羌人之可能，若此地落入羌人手中，將會令其更加壯大為由，力勸光武帝繼續領有破羌以西。

主張存續涼州的有張禹、虞詡等人，他們認為涼州在國防上有其不可取代之重要性，再加上漢帝國退出涼州，必會形成新的勢力真空。《後漢書》載：

> （虞）詡聞之，乃說李脩曰：「竊聞公卿定策當棄涼州，求之愚心，未見其便。先帝開拓土宇，劬勞後定，而今憚小費，舉而棄之。涼州既棄，即以三輔為塞；三輔為塞，則園陵單外。此不可之甚者也。諺曰：『關西出將，關東出相。』觀其習兵壯勇，實過餘州。今羌胡所以不敢入據三輔，為心腹之害者，以涼州在後故也。其土人所以推鋒執銳，無反顧之心者，為臣屬於漢故也。若棄其境域，徙其人庶，安土重遷，必生異志。如使豪雄相聚，席捲而東，雖賁、育為卒，太公為將，猶恐不足當禦。議者喻以補衣猶有所完，詡恐其疽食侵淫而無限極。棄之非計。〔註70〕

〔註68〕范曄，《後漢書》，卷五十八〈虞傅蓋臧列傳〉，頁1886。
〔註69〕范曄，《後漢書》，卷二十四〈馬援列傳〉，頁835。
〔註70〕范曄，《後漢書》，卷五十八〈虞傅蓋臧列傳〉，頁1886。

虞詡等人指出了放棄涼州所帶來的後果，一、先人開疆拓土並非易事，因為一時財政問題而放棄涼州，甚為可惜。二、放棄涼州等同於將三輔變為邊境，先帝陵寢也將沐於戰火之中；時人王符也譏諷了棄涼議題：「是故失涼州，則三輔為邊；三輔內入，則弘農為邊；弘農內入，則洛陽為邊。推此以相況，雖盡東海猶有邊也。」〔註71〕認為公卿大臣放棄涼州不過是逃避之舉而已，持續這種心態，即便退到東海也可繼續稱邊。三、涼州地區民風剽悍，羌人又生長於戰火、熟悉西北環境，可以說是極富戰力，如果漢帝國退出涼州，羌人與當地豪族相互結合，所帶來的問題將會提升到更高的層級，後果不堪設想。

除此之外，筆者還認為，放棄涼州使西漢以來漢帝國所熟悉的絲路，將為羌事所阻隔，同時對於西域諸國的控制力也形同放棄，這同時意味者兩件事，即漢帝國無法再利用絲路通商獲利；也失去西域諸國的宗主權，這對於漢帝國本身與天子的威嚴無疑是一個重擊。綜上所述，在國防、經濟、政治的考量上，漢帝國都不應該放棄涼州。

（2）第二，漢帝國「以夷制夷」政策的失調

此處的「以夷制夷」指的是漢帝國聯合內附的胡人共同向另一支胡人採取軍事行動，以夷制夷的前提是帝國邊境上的少數族群彼此間的利益糾葛，本意藉由邊境上的少數族群彼此相互牽制，互相削弱，而帝國坐享漁翁之利也。《後漢書》載：

> 今鮮卑奉順，斬獲萬數，中國坐享大功，而百姓不知其勞，漢興功
>
> 烈，於斯為盛。所以然者，夷虜相攻，無損漢兵者也。〔註72〕

而具體在羌人群落中實施的手段，大致有三個方向：其一，是派遣譯使直接挑撥諸種之間的關係，從而使其內訌；其二，是以賞賜財貨來引誘某支或幾支種羌來降，使其內部削弱；其三，是以較為強大的軍事進攻力量作為後盾，並附之以凡叛羌內部有立功表現的給予數量不等的財物獎賞的條件，以此使諸叛羌內部瓦解。〔註73〕

〔註71〕【漢】王符撰、【清】汪繼培箋，《潛夫論箋校正》（北京：中華書局，1985年），頁258。

〔註72〕范曄，《後漢書》，卷四十一〈第五鍾離宋寒列傳〉，頁1416。

〔註73〕林永強，〈漢朝羌區軍政防控措施考論〉，收錄於《軍事歷史研究》，2010年，第四期，頁94。

　　不論是以羌制羌、以蠻制羌，或以羌制匈奴，這方面在史料均有記載。《後漢書》載：

> 西羌寇隴右，覆軍殺將，朝廷患之，復拜武捕虜將軍，以中郎將王豐副，與監軍使者竇固、右輔都尉陳訢，將烏桓、黎陽營、三輔募士、涼州諸郡羌胡兵及弛刑，合四萬人擊之。到金城浩亹，與羌戰，斬首六百級。〔註74〕

「以蠻制羌」《後漢書》載：

> 初元年春，遣兵屯河內，通谷衝要三十三所，皆作塢壁，設鳴鼓。零昌遣兵寇雍城，又號多與當煎、勒姐大豪共脅諸種，分兵鈔掠武都、漢中。巴郡板楯蠻將兵救之，漢中五官掾程信率壯士與蠻共擊破之。〔註75〕

以羌兵征匈奴事見《後漢書》：

> 時天下乂安，帝欲遵武帝故事，擊匈奴，通西域，以固明習邊事，（明帝永平）十五年冬，拜爲奉車都尉，以騎都尉耿忠爲副，謁者僕射耿秉爲駙馬都尉，秦彭爲副，皆置從事、司馬，並出屯涼州。明年，固與忠率酒泉、敦煌、張掖甲卒及盧水羌胡萬二千騎出酒泉塞，耿秉、秦彭率武威、隴西、天水募士及羌胡萬騎出居延塞，又太僕祭肜、度遼將軍吳棠將河東北地、西河羌胡及南單于兵萬一千騎出高闕塞，騎都尉來苗、護烏桓校尉文穆將太原、雁門、代郡、上谷、漁陽、右北平、定襄郡兵及烏桓、鮮卑萬一千騎出平城塞。〔註76〕

這些被徵召的對象，往往都是內附的羌人，有的是自願內附，也有戰敗投降的，兩者的處境也有不同，李敬坤認爲，內附的羌人可分爲屬國羌和保塞羌（守塞羌）兩種；屬國羌能夠維持原有的社會結構、生活方式和習俗，不用負責徭役，只接受屬國都尉的監督，保塞羌大致與屬國羌相同，但須協助帝國作戰等軍事任務。〔註77〕

　　安梅梅也認爲，屬國兵的任務是平時爲漢政府偵察邊塞敵情，協助漢朝正式軍隊守衛邊疆。在邊境戰事吃緊時，協同漢軍一起作戰。由於屬國兵擅

〔註74〕范曄，《後漢書》，卷二十二〈朱景王杜馬劉傅堅馬列傳〉，頁786。
〔註75〕范曄，《後漢書》，卷八十七〈西羌傳〉，頁2889。
〔註76〕范曄，《後漢書》，卷二十三〈竇融列傳〉，頁810。
〔註77〕李敬坤，《東漢永初羌亂研究》，（香港：中文大學碩士論文，2011年），頁28。

長騎射、瞭解胡俗，可見屬國兵在漢代邊防上發揮著重要的作用，他們是漢政府邊防武裝力量的重要補充。而且使用屬國兵也是兩漢政府以夷治夷的重要戰略之一，它對於漢代兵力的強盛以及邊防的鞏固都起到了非常重要的作用。〔註78〕

東漢王朝要用漢人的文化、禮儀、習俗等去影響直至改變少數民族，使其接受漢人的文化、禮儀、習俗等，而融入漢人中實現「用漢變羌」，最直接有效的辦法就是使羌人雜處於漢人中間，即所謂耳濡目染。要達到這種效果有兩種途徑：一是將大量漢人移入羌人聚居區，這樣做就存在所謂對羌人生存空間的侵奪問題；一是將羌人內徙，為數眾多的羌人雜處於漢人之間。〔註79〕

這些以戰俘身分被遷往內郡的羌人與漢人雜居，缺乏有效的管理，漢羌之間語言不通、風俗有異，很容易與漢人發生摩擦，進而導致兩個族群涇渭分明的認同與紛爭。在漢帝國的內郡，降羌往往成為社會的底層，承受著壓迫與歧視，「時降羌布在郡縣，皆為吏人豪右所繇役，積以愁怨」，〔註80〕他們既要承擔較重的賦役，又因漢帝國在邊境中大量徵召夷兵，從前述引文中得知羌人除了疲於奔命應付漢帝國的兵役之外，更難忍受的是受到官吏的欺凌，例如〈西羌傳〉中載：

> 羌胡被髮左衽，而與漢人雜處，習俗既異，言語不通，數為小吏黠人所見侵奪，窮恚無聊，故致反叛。〔註81〕

又吏人強搶羌婦，進而激怒羌人反抗的事件：

> 建初元年，安夷縣吏略妻卑湳種羌婦，吏為其夫所殺，安夷長宗延追之出塞，種人恐見誅，遂共殺延，而與勒姐及吾良二種相結為寇。〔註82〕

地方長官貪暴昏聵、怠忽職守，使羌人為求生存，不得不起兵反抗：

> 先是安定太守孫儁受取狼籍，屬國都尉李翕、督軍御史張稟多殺降

〔註78〕 安梅梅，《兩漢的屬國制度》（蘭州：西北師範大學碩士論文，2005 年），頁12。
〔註79〕 王偉，〈東漢治羌政策之檢討〉，收錄於《中國邊疆史地研究》，2008 年，第18 卷，第一期，頁33。
〔註80〕 范曄，《後漢書》，卷八十七〈西羌傳〉，頁2886。
〔註81〕 同上註，頁2878。
〔註82〕 同上註，頁2881。

羌，涼州刺史郭閎、漢陽太守趙熹並老弱不堪任職，而皆倚恃權貴，
不遵法度。〔註83〕

羌人除了是徵召對象之外，祖居地羌地也受到漢人侵佔，再加上治羌官員對
羌人的苛刻，導致羌人反抗的次數越來越密集，規模也越來越大。

（3）第三，治羌主官的不穩定，對羌政策不能延續

護羌校尉是漢帝國對於羌事所特別設立的官職，「護羌校尉一人，比二千
石。本注曰：主西羌。」，〔註84〕其職「持節領護，理其怨結，歲時循行，問所
疾苦。又數遣使驛通動靜，使塞外羌夷爲吏耳目，州郡因此可得儆備。」〔註85〕

東漢初期，護羌校尉一職，曾三度廢置，直到章帝時才成爲常設，官職
設置之後，又頻繁更換，所見東漢護羌校尉共 35 任，33 人，見下表。〔註86〕

【表3】東漢歷任護羌校尉與任期統計表

	時任護羌校尉	在職時間	去職原因	出　處
1	牛邯	光武建武九（33）年，可能於當年病逝。	病卒，職省。	《後漢書・西羌傳》，頁2878。
2	竇林	明帝永平元年至二年（58～59）	欺君，下獄死。	《後漢書・西羌傳》，頁2880～2881。
3	郭襄	明帝永平二（59）年。	代領校尉事，見羌盛畏懼抵罪，於是復省校尉官。	《後漢書・西羌傳》，頁2881。
4	吳棠	章帝建初元年至二年（76～77）。	吳棠不能制，坐徵免。	《後漢書・西羌傳》，頁2881。
5	傅育	章帝建初二年至章和元年（77～87）	戰死。	《後漢書・西羌傳》，頁2882。
6	張紆	章帝章和元年至和帝永元元年（87～89）	羌事熾盛，紆不能制，坐徵免。	《後漢書・西羌傳》，頁2883。

〔註83〕范曄，《後漢書》，卷五十五〈皇甫張段列傳〉，頁2133。
〔註84〕范曄，《後漢書》，志二十八〈百官五〉，頁3626。
〔註85〕范曄，《後漢書》，卷八十七〈西羌傳〉，頁2878。
〔註86〕參考自謝婷，〈東漢安順時期的「涼州問題」〉（武漢：華中師範大學碩士論文，2009年），頁40。

	時任護羌校尉	在職時間	去職原因	出　處
7	鄧訓	和帝永元元年至四年（89～92）	病卒。	《後漢書・鄧寇列傳》，頁612。
8	聶尚	和帝永元四年至五年（92～93）	迷唐羌寇金城，坐徵免。	《後漢書・西羌傳》，頁2883。
9	貫友	和帝永元五年至八年（93～96）	病卒。	《後漢書・西羌傳》，頁2883。
10	史充	和帝永元八年至九年（96～97）	戰敗，坐徵免。	《後漢書・西羌傳》，頁2883。
11	吳祉	和帝永元九年至十二年（97～100）	羌人寇鈔遠去，祉坐徵免。	《後漢書・西羌傳》，頁2884。
12	周鮪	和帝永元十二年至十四年（100～102）	坐畏懦徵。	《後漢書・西羌傳》，頁2885。
13	侯霸	和帝永元十四年至安帝永初二年（102～108）	坐眾羌反叛徵免。	《後漢書・西羌傳》，頁2886。
14	段禧	安帝永初二年至四年（108～110）	病卒。	《後漢書・西羌傳》，頁2887。
15	侯霸	安帝永初四年至安帝元初元年（110～114）	病卒。	《後漢書・西羌傳》，頁2889。
16	龐參	安帝元初元年至二年（114～115）	失期軍敗抵罪。	《後漢書・西羌傳》，頁2889。
17	馬賢	安帝元初二年至四年（115～117）	兼任。	《後漢書・西羌傳》，頁2889。
18	任尚	安帝元初四年至五年（117～118）	僞造軍功，貪贓枉法，坐徵免，棄市	《後漢書・西羌傳》，頁2891。
19	馬賢	安帝元初五年至順帝永建四年（118～129）	坐徵免。	《後漢書・西羌傳》，頁2894。
20	韓皓	順帝永建四年至五年（129～130）	屯田逼羌，以坐徵免。	《後漢書・西羌傳》，頁2894。
21	馬續	順帝永建五年至永和元年（130～136）	永和元年，馬續遷度遼將軍。	《後漢書・西羌傳》，頁2894。

	時任護羌校尉	在職時間	去職原因	出　處
22	馬賢	順帝永和元年至四年（136～139）	戰死。	《後漢書・西羌傳》，頁2895。
23	胡疇	順帝陽嘉二年，時任護羌校尉。	不詳。	《後漢書・馬融傳》，頁1971。
24	趙沖	順帝漢安元（142）年至順帝建康元（144）年	戰死。	《後漢書・西羌傳》，頁2897。
25	衛瑤（琚）	順帝建康元年至沖帝永嘉元年（144～145）	領護羌校尉。	《後漢書・西羌傳》，頁2897。
26	張貢	沖帝永嘉元年至桓帝永壽元年（145～155）	病卒。	《後漢書・西羌傳》，頁2897。
27	第五訪	桓帝永壽元年至延熹二年（155～159）	病卒。	《後漢書・西羌傳》，頁2897。
28	段熲	桓帝延熹二年至四年（159～161）	坐事徵。	《後漢書・西羌傳》，頁2897。
29	胡閎	桓帝延熹四年至八年（161～163）	疾免。	《後漢書・西羌傳》，頁2898。
30	段熲	桓帝延熹六年至建寧元年（163～168）	遷破羌將軍。	《後漢書・段熲傳》，頁2149。
31	皇甫珪	不詳～桓帝熹平三年（？～174）	病卒。	《後漢書・皇甫珪傳》，頁2137。
32	田晏	不詳	由前護羌校尉轉任破鮮卑中郎將。	《後漢書・鮮卑傳》，頁2990。
33	泠徵	？～靈帝中平元年（184）	群盜反，殉職。	《後漢書・董卓傳》，頁2320。
34	夏育	靈帝中平元年（184）～？	爲叛羌圍於畜官。	《後漢書・蓋勳傳》，頁1880。
35	楊鑽	？～獻帝初平元年（190）	時任護羌校尉行左將軍事。	《後漢書・王允》，頁2175。

任職時間	一年及以下	兩年	三年	四至五年	六至七年	十年以上
任數	10	8	6	4	3	2
所佔比例	30.3%	24.2%	18.1%	12.1%	9.1%	6.1%

從簡表中可知，任職兩年以下的比例竟然超過一半，從護羌校尉的去職來看，大多因作戰失利解職或因罪入獄居多，封侯褒獎者較少，三十三人中唯有馬續、馬賢、段熲三人得以升遷，其他人或戰死、或卒於任期，或坐羌叛征免。〔註87〕大體而言，東漢護羌校尉很多都是晚景淒涼。

護羌校尉的頻繁更動，結果造成對羌政策的不連貫，導致羌人難以適應，猜疑動盪不已，以傅育的例子來說，他認為羌人已經無法用攏絡懷柔的政策來安撫，必須採取軍事手段解決，結果中伏戰死，《後漢書》，卷八十七〈西羌傳〉載：

> 育選精騎三千窮追之……迷吾乃伏兵三百人，夜突育營，營中驚壞
> 散走，育下馬手戰，殺十餘人而死，死者八百八十人。〔註88〕

傅育的繼任者張紆為替傅育復仇，對已投降的羌人設局毒殺，一口氣就殺死大小豪酋八百多人，《後漢書》，卷八十七〈西羌傳〉載：

> 迷吾兵敗走，因譯使欲降……紆設兵大會，施毒酒中，羌飲醉，紆
> 因自擊，伏兵起，誅殺酋豪八百餘人。斬迷吾等五人頭，以祭育塚。
> 〔註89〕

餘羌大怒出塞，漢帝國自是失信於羌。

護羌校尉對羌奉行著三種政策，鎮壓、安撫、或鎮撫兼有之，每任護羌校尉所主張的政策，在頻繁調換的過程中不斷變換，羌人難免無所適從。如聶尚見「前人累征不克，欲以文德服之」，〔註90〕但沒有立即收到成效，其繼任者貫友就任後一改前任方針「以迷唐難用德懷，終於叛亂，乃遣驛使攜離諸種，誘以財貨，由是解散友乃遣兵出塞，攻迷唐於大、小榆谷，獲首虜八百餘人。」〔註91〕貫友一方面以財貨麻痺羌人，使其四散而去，再趁其不備猝然襲擊羌人，將其逐出河湟一帶。

皇帝對於護羌校尉動輒以事坐征，甚至逮捕下獄，極大的限制了其施政的理念，出自於這種擔憂，往往使護羌校尉行事帶有一種急功近利的色彩，鎮壓的效果通常是最顯著的，所付出的成本也是最大的，但對羌事並非一昧

〔註87〕 謝婷，〈東漢安順時期的「涼州問題」〉（武漢：華中師範大學碩士論文，2009年），頁41。
〔註88〕 范曄，《後漢書》，卷八十七〈西羌傳〉，頁2882。
〔註89〕 同上註，頁2882。
〔註90〕 同上註，頁2883。
〔註91〕 同上註，頁2883。

下猛藥就可有所收穫的，這種剛猛之勢往往帶來是更大的反彈。因此，必須審時度勢，採取最符合時局政策方能改善問題。

第四節　羌人暴動的性質轉變

究東漢一朝，羌人成為最主要的異族問題，其持續時間與損害遠比同時代的匈奴、烏桓、鮮卑來的沉重。據〈西羌傳〉中所載，自光武帝建武十（34）年，首次東漢與羌人發生衝突，直至獻帝興平元（194）年，〈西羌傳〉所載的最後一起羌人反亂事件為止，這約一百六十年的時間，幾乎貫穿了整個東漢。據統計，漢羌之間的衝突次數多達六十八次，平均來說，大約每隔兩年就會發生一次衝突，〔註92〕這也似乎可以瞭解，何以東漢時期涼州地區之戶口相較於西漢人口數始終停滯不前。

羌人與漢帝國的百年糾葛如果僅用「羌亂」、「羌叛」等字眼來理解，這對於事件的過程轉變來說是很可惜的。從史料中可以發現，從東漢前期的小規模邊境騷動，到中期的「眾羌內潰」，再到晚期漢人或當地野心家與羌人結合，最終成為一股實力堅強的割據軍閥，對於漢帝國來說，這段過程就像是疥癬之疾逐漸往病入膏肓的轉變。

東漢的羌人暴動大致可分為三個階段：

【表4】東漢永初以前羌人事記〔註93〕

時　間	大事記	遷徙等動態	出　處
光武帝 建武九（33）年	班彪上言，請復置護羌校尉。光武從之，即以牛邯為護羌校尉。		光武帝紀
建武十（34）年	先零豪與諸種相結，復寇金城、隴西，遣年中郎將來歙等擊之，大破。	先零為馬援所破，後悉歸服，徙置天水、隴西、扶風三郡	來歙傳

〔註92〕杜志威，《論東漢末年的涼州諸將》（臺北：文化大學碩士論文，2009年），頁30。

〔註93〕本表係根據西羌傳及相關人物傳記節錄而成。

時　間	大事記	遷徙等動態	出　處
建武十一（35）年	先零種復寇臨洮，隴西太守馬援擊之。		馬援傳
建武十二（36）年	武都參狼羌反，援又破降之		馬援傳
建武十三（37）年		廣漢塞外白馬羌豪樓登等率種人五千餘戶內屬。	西羌傳
光武帝中元元（56）年	武都參狼羌反，殺略吏人，隴西太守劉盱遣從事辛都、監軍掾李苞，將五千人赴武都擊破之。		西羌傳
中元二（57）年	二年秋，燒當羌滇吾與弟滇岸率步騎五千寇隴西塞，天水兵為牢姐種所敗於白石，死者千餘人。		西羌傳
明帝永平元（58）年	遣中郎將竇固、捕虜將軍馬武等擊滇吾於西邯，大破之。	滇吾遠引去，餘悉散降，徙七千口置三輔。	馬武傳西羌傳
永平二（59）年		滇吾子東吾立，以父降漢，乃入居塞內，謹願自守。	西羌傳
章帝建初元（76）年	安夷縣吏略卑湳種羌婦，吏為其夫所殺，安夷長宗延追之出塞，種人恐見誅，遂共殺延，而與勒姐及吾良二種相結為寇。		西羌傳
建初二（77）年	二年夏，迷吾遂與諸眾聚兵，欲叛出塞。金城太守郝崇追之，戰於荔谷，崇兵大敗，死者二千餘人。復寇隴西、漢陽，於是遣行車騎將軍馬防，長水校尉耿恭副，討破之。	於是臨洮、索西、迷吾等悉降。防乃築索西城，徙隴西南部都尉戍之，悉復諸亭候。	西羌傳馬援傳

時　間	大事記	遷徙等動態	出　處
章帝 元和三（86）年	元和三年秋，迷吾復與弟號吾諸雜種反叛，號吾先輕入寇隴西界，郡督烽掾李章生得號吾，隴西太守張紆權宜放遣，羌即爲解散，各歸故地，迷吾退居河北歸義城。傅育不欲失信伐之，乃募人鬥諸羌胡，羌胡不肯，遂復叛出塞，更依迷吾。	迷吾退居河北歸義城。	西羌傳
章帝 章和元（87）年	（護羌校尉傅）育上請發隴西、張掖、酒泉各五千人，諸郡太守將之，育軍獨進。迷吾聞之，徙廬落去。育選精騎三千窮追之，迷吾乃伏兵三百人，夜突育營，育戰死。 復與諸種步騎七千人入金城塞。與張紆戰，迷吾兵敗欲降，紆納之。遂毒殺酋豪八百餘人，放兵擊在山谷間者，斬首四百餘人，得生口二千餘人。迷吾子迷唐及其種人向塞號哭，與燒何、當煎、當闐等盟，將五千人寇隴西塞，太守寇盱與戰於白石，迷唐不利，引還大、小榆谷，北招屬國諸胡，會集附落，種眾熾盛，張紆不能討。		西羌傳
和帝 永元元（89）年	永元元年，紆坐徵，以張掖太守鄧訓代爲校尉，稍以賞賂離間之，由是諸種少解。 校尉鄧訓遣兵擊迷唐。	是時號吾將其種人降。 迷唐去大、小榆谷，徙居頗嚴穀。	西羌傳

時　間	大事記	遷徙等動態	出　處
永元四（92）年	和帝永元四年，訓病卒，蜀郡太守聶尚代為校尉。尚見前人累征不克，欲以文德服之，乃遣驛使招呼迷唐，使還居大、小榆穀。迷唐既還，遣祖母卑缺詣尚，尚自送至塞下，為設祖道，令譯田汜等五人護送至廬落。迷唐因而反叛，遂與諸種共生屠裂汜等，以血盟詛，復寇金城塞。		西羌傳
永元五（93）年	五年，尚坐徵免，居延都尉貫友代為校尉。友遣驛使詿離諸種，由是解散。友乃遣兵出塞，攻迷唐於大、小榆谷，獲首虜八百餘人，收麥數萬斛，遂夾逢留大河築城塢，作大航，造河橋，欲度兵擊迷唐。	迷唐乃率部落遠依賜支河曲。	西羌傳
永元六（94）年		蜀郡徼外大牂夷種羌豪造頭等率種人五十餘萬口內屬，拜造頭為邑君長，賜印綬。	西羌傳
永元八（96）年	八年，友病卒，漢陽太守史充代為校尉。充至，遂發湟中羌胡出塞擊迷唐，而羌迎敗充兵，殺數百人。		西羌傳
永元九（97）年	充坐徵，代郡太守吳祉代為校尉。其秋，迷唐率八千人寇隴西，脅塞內諸種羌共為寇盜，眾羌復悉與相應，合步騎三萬人，擊破隴西兵，殺大夏長。遣行征西將軍劉尚、越騎校尉趙代		西羌傳

時　　間	大事記	遷徙等動態	出　　處
	副，將北軍五營、黎陽、雍營、三輔積射及邊兵羌胡三萬人討之。尙屯狄道，代屯枹罕。尙遣司馬寇盱監諸郡兵，四面並會。迷唐懼，棄老弱奔入臨洮南。尙等追至高山，盱斬虜千餘人，得牛馬羊萬餘頭。迷唐引去。漢兵死傷亦多，不能復追，乃還入塞。		
永元十（98）年		迷唐降。其餘種人不滿二千，飢窮不立，入居金城。和帝令迷唐將其種人還大、小榆谷。迷唐以爲漢作河橋，故地不可復居，辭以種人飢餓，不肯遠出。吳祉等乃多賜迷唐金帛，令糴穀市畜，促使出塞，種人更懷猜驚。	西羌傳
永元十二（100）年	十二年，遂復背叛，乃脅將湟中諸胡，寇鈔而去。		西羌傳
永元十三（101）年	其秋，迷唐復將兵向塞，周鮪與金城太守侯霸，及諸郡兵、屬國湟中月氏諸胡、隴西牢姐羌，合三萬人，出塞至允川，與迷唐戰。	迷唐復還賜支河曲。 因羌眾折傷，種人瓦解，降者六千餘口，分徙漢陽、安定、隴西。 迷唐遂弱，其種眾不滿千人，遠踰賜支河首，依發羌居。	西羌傳
永元十四（102）年	周鮪坐畏懦徵，侯霸代爲校尉。安定降羌燒何種脅諸羌數百人反叛，郡兵擊滅之，悉沒入弱口爲奴婢。	時西海及大、小榆穀左右無復羌寇。 建西海郡，廣設屯田於羌中。	西羌傳

時　間	大事記	遷徙等動態	出　處
安帝 永初年間		永初中，諸羌叛，乃罷（屯田）。迷唐失眾，病死。有一子來降，戶不滿數千。 東號子麻奴。初隨父降，居安定。時諸降羌布在郡縣，皆為吏人豪右所徭役，積以仇怨。	西羌傳

　　東漢前期的羌人暴動以時間來分期，當從光武帝建武十（34）年到安帝永初元（107）年，約七十年為一分界，計十八起，這時期發生的暴亂主要是塞外羌人對沿羌邊境的劫掠，缺乏組織性、規模尚小、也沒有出現大型的羌人聯盟。

（一）東漢前期羌人暴動的特點

　　1. 參與劫掠的主要羌人部落多是塞外羌人

　　這十八次的戰事，其中又以先零羌與燒當羌為主力，這兩支前後相繼的羌人部落，光武帝時以先零羌為主要參與部落，明帝以後則以燒當羌諸豪酋為主要領導者。

　　2. 受波及的郡縣以金城、隴西、武都最多，主要原因是這些區域與羌人的生活區域重疊，如隴西郡以西為燒當羌之地，武都郡則近參狼羌。

　　3. 遷居於塞內的羌人及少數胡人，自願或非自願的加入了劫掠行動，如中元二（57）年，「二年秋，燒當羌滇吾與弟滇岸率步騎五千寇隴西塞……於是守塞諸羌皆復相率為寇。」〔註94〕永元九（97）年「秋，迷唐率八千人寇隴西，殺數百人，乘勝深入，脅塞內諸種羌共為寇盜，眾羌復悉與相應」，〔註95〕其他胡人參與的紀錄如建初二（77）年「夏，迷吾遂與諸眾聚兵，欲叛出塞……於是諸種及屬國盧水胡悉與相應。」〔註96〕

　　這一階段的漢羌戰爭以漢帝國投入了極大的心血，主動出擊羌人，以消

〔註94〕范曄，《後漢書》，卷八十七〈西羌傳〉，頁2879。
〔註95〕同上註，頁2883。
〔註96〕范曄，《後漢書》，卷八十七〈西羌傳〉，頁2881。

滅其有生力量，暫告平定。但西北地區已殘破不堪，和帝永元十四（102）年羌事平息後，和帝本人也知曉邊境戰事之慘況，詔曰「幽、并、涼州戶口率少，邊役眾劇，束脩良吏，進仕路狹。撫接夷狄，以人為本。」〔註97〕務求安撫羌人，恢復涼州元氣。但是和平僅維持了六年，接踵而來的又是另一種態勢的羌人暴動。

（二）暴動程度的擴大

上一波的羌事以和帝永元十四（102）年暫告一段落，隨之而來的不再是邊境的羌人劫掠，而是遷居於內郡的羌人群起暴動，這些羌人不再以遊牧為主業，不像塞外羌人要等待牲口強壯時才有能力發動攻擊。〔註98〕影響的範圍由涼州至三輔地區，更遠達并、益二州。這階段的羌人甚至出現了戰略意識與組織計畫，這可能是長期與漢人相處學習而來，或更有可能的是漢人加入了羌人之中。《後漢書》卷八十七〈西羌傳〉載：

> 故永初之閒，群種蜂起。遂解仇嫌。結盟詛，招引山豪，轉相嘯聚，揭木為兵，負柴為械。穀馬揚埃，陸梁於三輔；建號稱制，恣睢於北地。東犯趙、魏之郊，南入漢、蜀之鄙，塞湟中，斷隴道，燒陵園，剝城市，傷敗踵係，羽書日聞。并、涼之士，特衝殘斃，壯悍則委身於兵場，女婦則徽纆而為虜，發冢露胔，死生塗炭。自西戎作逆，未有陵斥上國若斯其熾也。〔註99〕

羌人不再各自為戰，逐漸結盟對抗漢帝國，原先羌人「不立君臣，無相長一」，〔註100〕並無統一的指揮，而永初二（108）年滇零在北地郡起事時，居然自稱「天子」，可見其或多或少已經有一些戰略意識了，知道「天子」是漢帝國的最高領袖，這遠比一同起事的平行「豪酋」，展現出階序性，也有利於號召羌人各部。諸羌種解仇結盟，意味著群羌即將發動大規模劫掠行徑或反抗漢帝國。群羌通過解仇結盟暫時性出現巨大的力量，這給被劫掠的地區造成了巨大的破壞，也對帝國邊疆社會治安造成了巨大的壓力。

〔註97〕范曄，《後漢書》，卷四〈孝和孝殤帝紀〉，頁189。
〔註98〕王明珂，《遊牧者的抉擇：面對漢帝國的北亞遊牧部族》，頁176。
〔註99〕范曄，《後漢書》，卷八十七〈西羌傳〉，頁2899～2900。
〔註100〕同上註，頁2869。

　　滇零建立起政權後，號召「武都、參狼、上郡、西河諸雜種」，﹝註101﹞等胡人共同對抗漢帝國。永初五（111）年，漢陽民變領袖杜琦、杜季貢兄弟等人，與滇零合兵，一時聲勢壯大，日後杜氏兄弟敗亡，漢帝國從其戰利品中發現「得僭號文書及所沒諸將印綬。」﹝註102﹞得知羌人發展出官制與封官授印，可見羌人在與漢帝國的戰鬥中，是不斷地學習的。前期的羌人暴動，大多是強調其「寇」、「鈔」的舉動，缺乏組織性，也無政治號召；安帝永初以後，不僅有對財物的劫掠，也知曉癱瘓地方情報系統，「滇零遣人寇褒中，燔燒郵亭，大掠百姓。」﹝註103﹞破壞交通要道，塞外羌與內附羌也經常相互呼應起事，令鎮壓軍隊疲於奔命。安帝時期是涼州問題的上升和高峰爆發期，它由邊疆問題轉變為內部問題，在由生存性的反抗轉化為政權的鬥爭的過程中，涼州問題進一步升級，衍生成內部的民族衝突，並隨著形勢的發展，融民族矛盾，統治者與被統治民眾的矛盾為一體，問題更複雜化。﹝註104﹞

（三）羌人與地方勢力的結合

　　在兩漢之際盤據於涼州的軍閥中，以天水人隗囂的實力最為堅強，是光武帝中興漢室的勁敵，隗囂之所以稱雄隴右，首先是地理位置特殊、戰略資源豐富，《後漢書》卷13〈隗囂列傳〉載：

> 今天水完富，士馬最強，北收西河、上郡，東收三輔之地，案秦舊跡，表裏河山。﹝註105﹞

另外，是獲得羌人勢力的擁護，一旦羌人被光武帝擊破，隗囂政權也隨之土崩瓦解，可以得知羌人對於隴右政權的重要性。﹝註106﹞由於羌人與涼州豪族的結合所帶來的問題，光武帝是親身經歷的，因此東漢諸帝對於涼州豪族是相當重視，永初年間的羌人暴動，時人虞詡提出建言，用以攏絡涼州人士，使之不與羌人合流，《後漢書》卷58〈虞傅蓋臧列傳〉載：

﹝註101﹞范曄，《後漢書》，卷八十七〈西羌傳〉，頁2886。

﹝註102﹞同上註，頁2890。

﹝註103﹞同上註，頁2887。

﹝註104﹞謝婷，〈東漢安順時期的「涼州問題」〉（武漢：華中師範大學碩士論文，2009年，）頁24。

﹝註105﹞范曄，《後漢書》，卷十三〈隗囂公孫述列傳〉，頁525。

﹝註106﹞楊永俊，〈略論漢代隴右勢力的興起與其與羌胡的關係〉，《敦煌學輯刊》第二期，2000年，頁106。

今涼土擾動，人情不安，竊憂卒然有非常之變。誠宜令四府九卿，

各辟彼州數人，其牧守令長子弟皆除爲冗官，外以勸屬，荅其功勤，

內以拘致；防其邪計。〔註107〕

涼州豪族之子弟在朝爲官，除了展示恩寵之外，同時也是人質，以免其藉羌人暴動，而另有所圖。帝國對於涼州豪族的政策，雖使其不成氣候，避免當地勢力坐大，但同時也是雙面刃，即面對羌人暴動時，外地仕官於涼州之郡守「二千石、令、長多內郡人，並無守戰意，皆爭上徙郡縣以避寇難。」〔註108〕地方豪族並未組織起有效的防禦，惟仰賴外地調兵鎮壓。地方豪族的勢力雖然見忌於統治者，但對於維持地方秩序仍然有其重要性，至少地方的安定是統治者和地方勢力的共同利益。

順帝以後對羌多奉行武力鎮壓的政策，這項政策往往啓用涼州當地人士如皇甫規、段熲、張奐、董卓等人，他們既熟悉當地環境，也與羌人接觸過，是鎮羌合適的選擇。在「以夷制夷」的原則下，將領可以自行徵調屬國胡人組建軍隊，在鎮壓羌人暴動亦出力甚多，《後漢書》卷八十七〈西羌傳〉載：

馬賢亦發隴西吏士及羌胡兵擊殺良封，斬首千八百級，獲馬牛羊五

萬餘頭，良封親屬並詣賢降。〔註109〕

《後漢書》卷八十七〈西羌傳〉又載：

遣左馮翊司馬鈞行征西將軍，督右扶風仲光、安定太守杜恢、北地

太守盛包、京兆虎牙都尉耿溥、右扶風都尉皇甫旗等，合八千餘人，

又龐參將羌胡兵七千餘人，與鈞分道並北擊零昌。〔註110〕

涼州將領與涼州兵的結合，固然對羌戰事有所收效，但帝國對這種結合敏感度仍持續著，待戰事平息之後，將領迅速被調回京師爲官，如皇甫規於延熹四年「冬，羌遂大合，朝廷爲憂。三公舉規爲中郎將，持節監關西兵，討零吾等，破之，斬首八百級。」〔註111〕待戰事平息後不久，隔年冬「其年冬，徵還拜議郎。」〔註112〕將其自涼州召回。張奐、段熲在羌事稍歇後，也都被

〔註107〕范曄，《後漢書》，卷五十八〈虞傅蓋臧列傳〉，頁1865。

〔註108〕范曄，《後漢書》，卷八十七〈西羌傳〉，頁2887。

〔註109〕同上註，頁2894。

〔註110〕同上註，頁2889。

〔註111〕范曄，《後漢書》，卷五十五〈皇甫張段列傳〉，頁2133。

〔註112〕范曄，《後漢書》，卷五十五〈皇甫張段列傳〉，頁2135。

調離涼州，但這都只是在帝國尚算有控制力時，將領服膺於調遣，至東漢桓
靈二帝昏聵、政治腐敗時，涼州將領已形成尾大不掉之勢，如詔令董卓入朝
為官，欲奪其兵權，《後漢書‧董卓列傳》載：

> 徵卓為少府，不肯就，上書言：「所將湟中義從及秦胡兵皆詣臣曰：
> 『牢直不畢，稟賜斷絕，妻子飢凍。』牽挽臣車，使不得行。羌胡
> 敝腸狗態，臣不能禁止，輒將順安慰。增異復上。」朝廷不能制，
> 頗以為慮。」〔註113〕

董卓以如此荒唐之理由抗旨，一方面展示董卓與羌人的關係緊密，二方面提
醒朝廷董卓手中仍握有不少羌胡兵。

　　涼州勢力最終在經歷了半個世紀的鎮羌過程中形成了，特別是東漢中後
期混亂的朝政給予了其發展的空間，截至桓、靈之後，涼州的割據之勢已然
形成，殘破的東漢帝國再無挽回之力。

　　到靈帝中平六（189）年，以董卓為代表的涼州豪族中下層武將集團，已
迅速膨脹到與以皇甫嵩為代表的涼州著姓武將相抗衡的態勢。由於東漢朝廷
在皇甫嵩心目中還有一定的威信，各自的兵力大體相當，雙方才沒有兵戎相
見。可知在桓、靈時期涼州武將群體之間由於在政見、戰略乃至戰術上均存
在著相當大的分歧，根本無法形成一個聯繫密切的地域政治軍事集團。〔註114〕

〔註113〕范曄，《後漢書》，卷72〈董卓列傳〉，頁2322。
〔註114〕薛海波，〈試論東漢中後期羌亂中的涼州武將群體〉，收錄於《西北師大學報
　　　　社會科學版》，2008年，第45期，第五卷，頁75。

第三章　涼州的割據潛力

第一節　涼州的歷史背景

　　涼州之名，源自漢武帝時「天下置十三刺史部，以其地西偏爲涼州，蓋以地處西方，常寒涼也」。[註1] 在這塊被稱爲涼州的土地，南起武都郡，北至敦煌郡，這條傍山狹長的空間，是漢帝國經略西域的重要據點，同時也是絲路貿易的主體道路。其地理位置東接并州、司隸，西靠西域，南鄰益州及西南諸羌各部，北抵匈奴、鮮卑於漢土之邊，[註2] 位處於交通樞紐的核心；涼州的重要性有如凝視西域的一雙眼睛，而河西地區就是她的瞳孔，可以說是涼州精髓在於河西。那麼河西地區到底指的是那些地方呢？已有許多研究者提出見解，如前田正明在《河西歷史地理研究》認爲：「在塔里木盆地與中原之間，星羅棋佈排列著許多綠洲群，在這些綠洲群以北是茫茫的大漠，以南是連接西藏高原的山嶽地帶，而在其中間卻有一條美麗的綠色地帶，這就是自古以來著稱於東西交通史上所謂的『河西』地區。」[註3] 邵台新在《漢代河西四郡的拓展》認爲「漢代之河西地區，僅限於漢代的武威、張掖、

〔註1〕杜佑，《通典》，卷173，〈州郡三〉（北京：中華書局，1988年），頁915。

〔註2〕譚其驤主編，《中國歷史地圖集》，第二冊：秦、西漢、東漢時期（北京：中國地圖出版社，1996年），頁57～58。

〔註3〕前田正明著、陳俊謀譯，《河西歷史地理研究》，〈北京：中國藏學出版社，1993年〉，頁1。

酒泉、敦煌所治之地。」〔註4〕陳守忠在《河隴史地考述》中認爲「甘肅一省古稱河西隴右，簡稱河隴。……如從歷史發展的角度講，可分爲兩個大的活動區，一個是：歷史上的隴西地區，亦稱隴右，包括今蘭州以東、以南洮河流域、渭河流域；一個是河西地區，包括蘭州以西的涼、甘、肅、瓜、沙（敦煌）等州，及內蒙古自治區的額濟納旗（古居延）、青海的西寧地區（西海郡）。」〔註5〕綜合以上研究者所重疊的範圍，可以發現河西地區是指黃河出蘭州後向北流，以西的範圍都被稱爲河西地區，但就狹義的角度而言，河西乃指漢代開發的河西四郡；從廣義來解釋，河西可以被視爲涼州行政區域之主要部分。

由於該地的特殊地理條件造就了涼州的隔絕性，即便是中原已戰禍綿延，而涼州則保持著相對安定，一如西晉覆滅之際，長安流傳的民謠「秦川中，血沒腕，唯有涼州倚柱觀。」，〔註6〕可見關中百姓認爲涼州是個暫時保全的地方，相對於關中大亂是安全許多的。這種狀態往往吸引來自內郡的逃難者，如馬援原先在新莽政權下擔任新成大尹，〔註7〕「及莽敗，援兄員時爲增山連率，與援俱去郡，復避地涼州。」〔註8〕馬援在新莽瓦解後沒有回到扶風老家，而投奔涼州，可能是顧慮到內郡早已紛亂不堪；扶風人班彪「年二十餘，更始敗，三輔大亂。時隗囂擁眾天水，彪乃避難從之。」〔註9〕馬援與班彪都是出身自三輔扶風的官僚家庭，在面對戰亂，他們的選擇都是避禍於涼州，更遑論底層的庶民，除了相對安定的原因之外，也是因爲地理上接近三輔地區，有利於遷徙。

三輔前往涼州的主要幹道大致有三條：第一條由長安出發，沿渭水至秦州，〔註10〕進入洮水，至金城，北上至武威，這條路可稱爲秦州線。〔註11〕

〔註 4〕邵台新，《漢代河西四郡的拓展》（臺北：臺灣商務印書館，1988 年），頁 1。

〔註 5〕陳守忠，《河隴史地考述》（蘭州：甘肅人民出版社，2006 年），頁 1。

〔註 6〕司馬光，《資治通鑑》，晉紀，卷九十（北京：中華書局，1956 年），頁 2891。

〔註 7〕王莽時改漢中爲新成，太守爲大尹。范曄著，韓復智、洪進業註，《後漢書紀傳今註》，第四冊（臺北：五南圖書出版社，2003 年），頁 1536。

〔註 8〕范曄，《後漢書》，卷二十七〈馬援列傳〉，頁 828～829。

〔註 9〕范曄，《後漢書》，卷四十上〈班彪列傳〉，頁 1323。

〔註10〕「秦州。按禹貢本雍州之域……及泰始五年，又以雍州隴右五郡及涼州之金城、梁州之陰平，合七郡置秦州，鎮冀城。」房玄齡等編，《晉書》，卷十四，志第四（北京：中華書局，1974 年），頁 435。

〔註11〕呂志明，《魏晉五涼時期河西政治之研究》（臺北：文化大學碩士論文，1995 年），頁 35。

這一條道路是張騫出使西域走的路線，〔註12〕設想出使西域的使節團在帝國境內，沒有必要去走羊腸小徑或其他困難的路線，那麼這條道路很有可能是易於移動平坦道路。

自三輔出發，沿著渭水走再接洮水北往金城，最後直抵武威，沿著渭水河岸至少可以確保飲水無虞。第二條道路由長安出發，沿涇水，經安定郡高平縣，西渡黃河至武威，這條道路稱為高平線。此路線在東漢建立之初，因隗囂據隴，成為長安與河西的交通要道。〔註13〕第三條與秦州線類似，但在洮水往西北走，經西平郡，再轉北上至張掖，這條道路可稱之西平線。〔註14〕整理這三條由三輔前往涼州的主要幹道，我們可以發現，涼州的大型聚落與交通要道，都是鄰近河水或著是河流交會之處，如漢陽郡的冀縣、上邽等在渭水的兩岸，隴西郡的臨洮、狄道等都在洮水的河岸，金城郡的金城、安夷、臨羌等縣，更是沿著湟水拓墾發展而成的聚落。

以上例子可以側面得知，涼州的大型聚落之所以如此仰賴河流，反映出涼州的雨量與其他水源的補充，是相當不足的，因此涼州的人口發展始終被水源問題所限制。涼州在戰亂中的特殊地位，正恰如陳寅恪所言，河西秩序安定，經濟豐饒，既為中州人士避難之地，復是流民所徙之區，百餘年間紛爭擾攘固所不免，但較之河北、山東屢經大亂者，略勝一籌。〔註15〕呂思勉也認為，涼州之地與中原頗遠，然與西域相交通，其地實頗富饒，而文明程度亦頗高，西南河、湟，又為畜牧樂土，故兩晉之世始終有據以自立者，其首起者，則張軌也。〔註16〕呂思勉所關注的乃是畜牧與通商之利，河西位於交通樞紐，自然也發展成貿易重鎮；而畜牧業在河西地區的意義，除了提供遊牧族群生活所需之外，則是貿易的主要商品，與貿易運輸的駝獸如馬匹、駱駝。因此筆者認為，誰能掌握河西地區的畜牧業，與保障西域通商的安全，就等同擁有一股雄厚的經濟實力，前涼張氏享國八十餘年，亦得利於此。

〔註12〕同上註，頁35。
〔註13〕呂志明，《魏晉五涼時期河西政治之研究》（臺北：文化大學碩士論文，1995年），頁35。頁37。
〔註14〕同上註，頁38。
〔註15〕陳寅恪，《隋唐制度淵源略論稿》（北京：三聯書店，2001年），頁30。
〔註16〕呂思勉，《兩晉南北朝史》（上海：上海古籍出版社，1983），頁85。

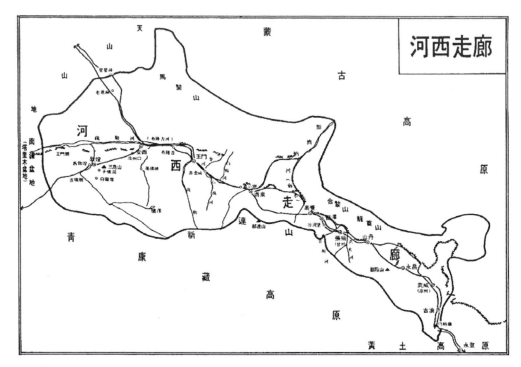

【圖4】河西走廊位置圖〔註17〕

　　此外，原本兩漢以來在河西地區形成的世家大族就普遍尊經重學，使得這一地區儒風勁吹，魏晉之世造就出了不少可與中原名士比肩的大儒。而自西晉末期以後，更是有大批內地士人學者接踵而來，兩股群體相得益彰，攜手共進，在中原由於戰亂幾近衰絕的傳統文化在河西得到了保留和繼承。〔註18〕五涼時期的河西地區，學者輻湊，士人雲集，他們或開館延學宣導儒術或著書立說弘揚文史，使河西地區在文化領域呈現空前繁榮的局面。同時，河西走廊作為當時中西交通的必經要道，也使河西地區自然成為佛教傳入中國的首站。來自西域的佛教在五涼統治者的宣導下廣泛地傳播開來，與以儒家文化為代表的中原文明聚首河西，二者並行不悖且又相互融合，終於從思想上到藝術形式上形成了一種內涵甚為豐富、極具河西特色的全新文化體系，五涼統治下的河西地區在十六國時期成為，在當時是北中國保存漢族傳統文化最多，又是接觸西方文化最先的地區。〔註19〕

〔註17〕 林藜，《千里絲路》（臺北：錦繡出版社，1980年），頁86。
〔註18〕 黃成，《五涼時期河西地區的文化繁榮及其影響》（西寧：青海師範大學碩士論文，2008年），頁4。
〔註19〕 同上註。

　　涼州的政治領袖在戰亂時吸納來自內郡的士人與流民之後，再結合當地的羌胡人，這股新勢力往往會迅速膨脹，這也是帝國最不願見到的外重內輕之局面，從地理位置上來看，又與京師比鄰而居，臥榻之側，又豈容酣睡！

　　時序往後，進入五胡十六國時期，出現了諸國割據的情勢，這些政權中有一個值得注意的現象，即慕容氏所建立的五燕（前燕慕容皝、後燕慕容垂、南燕慕容德、西燕慕容泓、北燕慕容雲），五燕的歷史領土範圍北起遼東，南至黃河。他們的後繼者都是以血緣為號召，想要恢復燕國的版圖，但沒有成功，最終回歸於歷史的洪流之中。而以涼為政權名的軍閥也不少，稱為五涼（漢人張駿建立前涼、氐人呂光建立後涼、鮮卑人禿髮氏建立南涼、盧水胡沮渠蒙遜建立北涼、漢人李暠建立西涼），五涼政權的族裔複雜，其歷史領土範圍大致延續自漢魏晉之涼州，以及部分的青海、新疆。五涼各據一角在涼州鏖戰，除了最早的前涼之外，沒有一個完全據有整個涼州，五涼的結局是在彼此攻戰後，筋疲力盡的被內地更大的政權所兼併。因此，本章所欲探討的是涼州地區到底有何等的潛力，導致割據政權容易在涼州產生。

第二節　涼州戰略意義

　　西漢建立後，劉邦聽從婁敬諫言定都於關中，他們所考量的是關中相對於六國故地，有肥沃的渭水平原、鄰近胡人的畜牧之利、依山修建的關隘等優勢，進則箝制天下，退亦可據險固守，對於威攝六國故舊有一定程度的作用。在平定了漢初的七國之亂後，帝國經過了休生養息，府庫殷實，終於有力量來對付當時最強大的外敵——匈奴，這個曾在白登之圍中給帝國帶來莫大恥辱的遊牧政權。首都長安以北經過了數次激戰後終於將河南地（五原、朔方一帶）佔領，帝國將河南地納入版圖，除了將首都圈的防禦縱深拉長之外，同時也是進攻匈奴的橋頭堡，至此以後，漢帝國有了一個可靠的後勤補給據點，可以直接威脅到匈奴王廷，匈奴若想再入侵漢帝國，首先要先越過河套平原至雁門、代郡防線，以及越來越密集的城池，對於靈活機動見長的遊牧騎兵可以說是泥沼；相較於西北一角的涼州，在秦代時版圖僅到隴西郡而已，〔註20〕不僅戰略縱深略顯不足，還是匈奴右賢王的領地。相較於河套——代郡的防線，隴西顯得單薄許多，若發生變故，遊牧族群利用機動上的

〔註20〕譚其驤主編，《中國歷史地圖集》，第二冊：秦、西漢、東漢時期，頁3～4。

優勢，可能會迅速的推進到長安外圍，此時帝國就必須以三輔爲戰場，在京畿的精華地區作戰，即使得勝亦爲小敗。

漢武帝將匈奴自河南地驅逐之後，長安的軍事威脅頓時減輕不少，他隨後將目光轉向西北，計畫征服河西地以削弱匈奴，於是發動了元狩年間的漢匈戰爭，在元狩二年（西元前 121）以張騫、李廣出右北平牽制匈奴左賢王，霍去病、公孫敖掃蕩河西地之匈奴並驅逐羌人，元狩四年（西元前 119），衛青、霍去病於漠北重創匈奴，使其退出河西走廊。經過元狩戰役之後，漢帝國對於奪取河西地區的目標已然達成，帝國的邊疆也超越前朝，達到河西的匈奴故地。〔註 21〕河西走廊歷史上爲秦隴的西部門戶和中原王朝勢力強盛之時向西發展的重要根據地，或爲中原王朝向西伸出的右臂，占領河西走廊就可以割斷蒙古高原與青藏高原遊牧民族的聯繫，進而向西控制天山南北的廣大地域。〔註 22〕西北地區作爲政治重心的屏障，戰略地位尤爲重要，所謂「欲保秦隴，必固河西，欲固河西，必斥西域。」〔註 23〕正是顧祖禹所認爲的防禦重心。

原先河西地的四周除了少量的漢人之外，還散居著大月氏、匈奴等遊牧族群，在《漢書・張騫李廣利傳》中提及了這個地區的複雜性：

> 騫既失侯，因曰：「臣居匈奴中，聞烏孫王號昆莫。昆莫父難兜靡本與大月氏俱在祁連、焞煌間，小國也。大月氏攻殺難兜靡，奪其地，人民亡走匈奴。子昆莫新生，傅父布就翎侯抱亡置草中，爲求食，還，見狼乳之，又烏銜肉翔其旁，以爲神，遂持歸匈奴，單于愛養之。及壯，以其父民眾與昆莫，使將兵，數有功。時，月氏已爲匈奴所破，西擊塞王。塞王南走遠徙，月氏居其地。昆莫既健，自請單于報父怨，遂西攻破大月氏。大月氏復西走，徙大夏地。〔註 24〕

從張騫的傳記中可以得知，大月氏在隴西郡以北，實力強大，而烏孫則在祁連山、敦煌之間。後因大月氏打敗烏孫，佔領烏孫的領地，使烏孫與匈奴結盟，共逐大月氏。所以我們可以發現，除了漢帝國以外，最少有三股勢力在爭奪河西走廊。邊疆軍事活動的最大困難之處，就是由於人煙稀少、交通、

〔註21〕 邵台新，《漢代河西四郡的拓展》，頁 27。
〔註22〕 李並成，《河西走廊歷史地理》（蘭州：甘肅人民出版社，1995 年），頁 3。
〔註23〕 顧祖禹著，賀次君、施和金點校，《讀史方輿紀要》，卷 63（北京：中華書局，2005 年），頁 2972。
〔註24〕 班固，《漢書》，卷六十一下〈張騫李廣利傳〉，頁 2691～2692。

物資轉運不便，使得在邊疆駐紮大軍的成本過大；所以往往仰賴內郡的供應，但是轉輸成本高達「率三十鍾而致一石」，〔註25〕一鍾等於六石四斗，〔註26〕而三十鍾糧食，總計一九二石，只有一石能到達邊疆駐軍區，其他的在運糧過程中消耗掉。如此耗費之鉅，可見由內郡轉輸糧食物資至前線是一件事倍功半的策略，為了確保河西地區開發之保障，漢帝國在險要之處設立了一連串的防禦設施，派駐軍隊一面警戒，一面執行屯墾，等到這些土地略有收穫之後，在招募移民接手這些田地，而原先的軍隊又繼續往前深入，再重複軍事屯田的步驟。〔註27〕

　　河西屯田是在驅逐匈奴勢力後才開始進行的，屯田規模較大，生產環境亦較為安定，而且西漢於此地設立郡縣，並遷徙大批內地人民實邊，故而邊塞守禦的任務就不僅只是負責屯田區的安全，也有保衛邊郡人民生產生活安定的意義。而西域屯田則與之不同，西域地區諸國林立，加上西漢於此處的屯田規模遠不及河西地區，而屯戍人員亦十分有限。因此，縱觀西漢在西域地區的屯田經歷，往往是建而又廢，廢而復建，具有很強的軍事性質；再者，唯有在匈奴挑唆西域諸國發動叛亂時，西漢政府才動用武力進行征討。因此，西域屯戍，閒暇時開墾積穀，戰時成為軍人出兵打仗，又邊疆守禦以設置屯區為標誌，而屯區的設置又以邊疆守禦為主要目的。由於上述西域屯戍的特殊性，使得西漢於此屯田守禦必須實行一體化管理。〔註28〕隨著移民來此定居，人口逐漸成長，便在此地設立郡縣，進行統治，涼州的主體部分也逐漸成形，即武威、張掖、酒泉、敦煌四郡，見《漢書‧西域傳》載：

> 漢興至於孝武，事征四夷，廣威德，而張騫始開西域之跡。其後驃騎將軍擊破匈奴右地，降渾邪、休屠王，遂空其地，始築令居以西，初置酒泉郡，後稍發徙民充實之，分置武威、張掖、敦煌，列四郡，據兩關焉。〔註29〕

〔註25〕司馬遷，《史記》，卷百一十二，〈平津侯主父列傳〉，頁 2954。
〔註26〕班固，《漢書》卷六十四上，〈嚴朱吾丘主父徐嚴終王賈列傳〉，頁 2800。嚴師古注。
〔註27〕邵台新，《漢代河西四郡的拓展》，頁 32。
〔註28〕劉輝，〈西漢西北屯田與邊塞守禦之聯繫及其演變〉，《安慶師範學院學報（社會科學版）》第 30 卷第 5 期，2011 年，頁 74～75。
〔註29〕班固，《漢書》，卷九十六〈西域傳〉，頁 3873。

帝國付出龐大成本所推動的移民政策，產生了顯著的收效；第一，做為遷徙對象的多半是內郡的貧民，人口的外遷勢必使內郡的人口壓力與秩序頓時得到改善，第二，新開闢的農地將會提供額外的糧食與賦稅，第三，這片土地成為移民者的新家園，日後將會有數以萬計視之為家園的男丁可做為徵招對象，對於人力吃緊的邊疆，是不可多得的優勢。但隨著河西地區的漢人聚落不斷膨脹，這同時也壓縮了其他族群的生存空間，使不同族群的摩擦終於出現，《漢書‧趙充國辛慶忌傳》載：

> 是時，光祿大夫義渠安國使行諸羌，先零豪言願時渡湟水北，逐民所不田處畜牧。安國以聞。充國劾安國奉使不敬。是後，羌人旁緣前言，抵冒渡湟水，郡縣不能禁…先零豪封煎等通使匈奴，匈奴使人至小月氏，傳告諸羌曰：「漢貳師將軍眾十餘萬人降匈奴。羌人為漢事苦。張掖、酒泉本我地，地肥美，可共擊居之。」以此觀匈奴欲與羌合，非一世也。〔註30〕

從引文的史料中發現，漢人的拓墾速度是相當快的，以至於湟水沿岸，即河湟羌的根據地都出現漢人的屯田據點，而這些被優勢力量擠出祖居地的羌人，僅只是要求在非墾田區放牧而已，也被視為是不友善的舉動。匈奴得知羌人對帝國的不滿，企圖與羌人聯手，奪回各自的土地。在史家的敘述下，似乎也認同異族之間的結盟，並非一朝一夕的激憤而已，更顯示出遊牧族群對於優良牧場的急迫性，這深刻影響著部族的存亡。即便匈奴與羌的聯盟沒有成功，涼州也埋下了族群問題的隱憂，並在日後徹底地爆發，東漢羌人的反抗，也可以循著族群問題的脈絡深入。

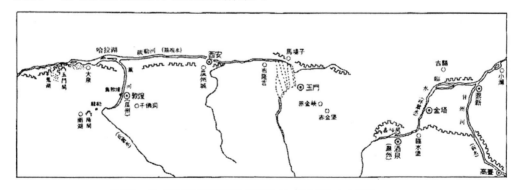

【圖5】漢代河西防禦設施位置概略圖〔註31〕

〔註30〕班固，《漢書》，卷六十九〈趙充國辛慶忌傳〉，頁2972～2973。
〔註31〕林藜，《長城萬里》（臺北：錦繡出版社，1980年），頁33。

　　一般認為，中原和西域的交往歷史，遠在絲綢之路開通之前就已進行。特別是在匈奴控制河西地區並征服西域 36 國之後，中原漢族和匈奴的交易非常頻繁，每年都有匈奴的大量牲畜運往內地，內地漢族的手工業品也大量輸向匈奴。為此，匈奴還專門設置了「僮僕都尉」。在這種形勢發展下，受漢族農業文明築城設防的影響，匈奴便在走廊東部修築了規模較大的城池。例如，在石羊河西岸的三岔堡修建了休屠城，作為休屠部的政治中心和重要軍事堡壘。同時，還在武威市郊修建了蓋臧城，此即後來姑臧城的前身。它可能是一個進行農牧、狩獵和手工勞動的經濟商業中心，具有一定的「市」功能。〔註 32〕

　　自漢武帝元狩二（前 121）年河西歸漢以來，其制度、內地的生活習俗和文化也迅速向河西傳播。同時，由於河西地理位置獨特，自然環境、民族成分和經濟發展等方面與中國有很大差異，因此兩漢在河西採取了一系列變通措施，使河西在行政區劃和職官建置上面既與內地保持大體一致，又呈現出鮮明的地域特色。根據敦煌漢簡的研究，可以發現兩漢時期河西地區職官體系有以下特點：其一，行政區劃多制度。兩漢政府在推行郡縣制的同時，根據河西少數民族眾多的特點，設置屬國，之後屬國逐漸成為郡一級的行政單位，不但治民，而且有屬縣。因此，漢代在河西地區的行政區劃可以稱為郡國並行制。其二，職官建置的多層次性。漢代在河西地區的行政建制包括行政、軍事、監察、屯田、交通等數個系統，人員龐雜。兩漢政府正是通過各級政權機構及官吏，建立了對河西各地嚴密的統治網路。其三，不同系統官吏之間雖然是平行並列，但其職責卻往往互相重疊交叉。如郡太守幾乎總攬一切權力；屬國都尉既是行政長官，又主蠻夷降者，還兼管軍事等等。其四，職官建置具有濃厚的軍事色彩，由於河西地區在兩漢時期具有軍事戰略上咽喉的地位，軍事任務頻繁，所以在河西地區的經營主要是從當時的政治形勢和軍事需要出發，其官職設置也是如此，不但擁有許多內郡不具備的官職，而且太守、都尉也擁有很大的兵權；另外，河西各官的佐官往往多司馬一類的武職。〔註 33〕

〔註 32〕王乃昂、蔡為民，〈論絲路重鎮涼州的歷史地位及其影響〉，《中國邊疆史地研究》1997 年第四期，頁 25。

〔註 33〕張偉，〈從敦煌漢簡看漢代河西地區的職官體系〉，《安康學院學報》第 22 卷第 6 期，2010 年，頁 95。

以下爲涼州諸郡設置時間簡表。

【表 5】兩漢涼州諸郡設置時間簡表〔註 34〕

郡	年　　代
隴西郡	秦置（西元前 221）〔註 35〕
北地郡〔註 36〕	秦置（西元前 221）〔註 37〕
安定郡	武帝元鼎三年（西元前 114）〔註 38〕
金城郡	昭帝始元六年（西元前 81）〔註 39〕
天水郡〔註 40〕	武帝元鼎三年（西元前 114）〔註 41〕
西海郡	平帝元始五年（西元 5 年）〔註 42〕
武威郡	武帝太初四年（西元前 101）〔註 43〕
張掖郡	武帝太初元年（西元前 104）〔註 44〕
酒泉郡	武帝太初元年（西元前 104）〔註 45〕
敦煌郡	武帝後元元年（西元前 88）〔註 46〕
武都郡〔註 47〕	武帝元鼎六年（西元前 111）〔註 48〕
永陽郡	獻帝初平四年（西元 193）〔註 49〕

〔註 34〕 本簡表係參考自《漢書・地理志》。
〔註 35〕 「二十六年……分天下以爲三十六郡，郡置守、尉、監。」司馬遷，《史記》，〈秦始皇本紀〉，（北京：中華書局，1959 年），頁 235～239。
〔註 36〕 北地郡於西漢時爲朔方刺史部所轄，東漢時併入涼州。
〔註 37〕 同註 125。
〔註 38〕 周振鶴，《西漢政區地理》（北京：人民出版社，1987 年），頁 136。
〔註 39〕 班固，《漢書》，卷二十八〈地理志第八下〉，頁 1610。
〔註 40〕 明帝時改爲漢陽郡，同上引書，頁 1611。
〔註 41〕 同上引書，頁 1611。
〔註 42〕 班固，《漢書》，卷九十九上〈王莽傳上〉，頁 4077。
〔註 43〕 班固，《漢書》，卷二十八〈地理志第八下〉，頁 1612。
〔註 44〕 同上註，頁 1613。
〔註 45〕 同上註，頁 1614。
〔註 46〕 同上註。
〔註 47〕 武都郡原屬益州，東漢時併入涼州。
〔註 48〕 班固，《漢書》，卷二十八〈地理志第八下〉，頁 1609。
〔註 49〕 獻帝初平四年，漢陽復析置永陽郡。李曉傑，《東漢政區地理》（濟南：山東教育出版社，1999 年），頁 146。

郡	年　　　代
南安郡	靈帝中平五年（西元 188）〔註 50〕
新平郡	獻帝新平元年（西元 194）〔註 51〕

　　河西四郡的設立時間，史料散見於《史記》中的〈平準書〉、〈匈奴傳〉、〈大宛傳〉，以及《漢書》中的〈地理志〉、〈武帝紀〉，但年代略有出入，以致學者考證至今仍無定論。邵台新認為，四郡的設置過程為先置酒泉郡，再分出張掖郡，然後再由酒泉郡分出敦煌郡，最後再由張掖郡分出武威郡。〔註 52〕因此邵所推論的河西四郡設置的年代當如下表：

酒泉郡	武帝元鼎六年（西元前 111）
張掖郡	武帝太初元年（西元前 104）
敦煌郡	天漢與太始之間
武威郡	元鳳三年（西元前 78）至地節三年（西元前 67）之間

　　河西四郡及涼州的主體部分，住武帝至昭、宣二帝之後逐漸被確立，終西漢一世的變動並不大。在漢帝國的移民政策影響下，這些移民以及他們的後代，成為了當地的具有數量優勢的族群。漢武帝開開拓河西地區，除了能達到防備北方遊牧民族侵略其本土的主要目的之外，還能確保東西貿易交通。〔註 53〕拉鐵摩爾則認為，漢朝初次向西部發展，由於黃河中部地區人口過剩，於是需要擴張至寧夏與甘肅的半綠洲地區；但是受限於地理因素，漢朝始終無法將其地漢化，因此無法避免政治上的混亂，和阻止其投向草原遊牧勢力的趨勢，所以就必須向西域延伸，攻佔更遠的據點以捍衛草原的側翼地帶。〔註 54〕

　　此外，漢族向中亞發展的原因，為什麼漢武帝必須深入西域：其一，拉鐵摩爾以為，儘管漢族的勢力進入了中亞，但這些活動與同一時期的在草原

〔註 50〕李曉傑，《東漢政區地理》，頁 145。
〔註 51〕范曄，《後漢書》，卷九〈孝獻帝紀〉，頁 377。
〔註 52〕邵台新，《漢代河西四郡的拓展》，頁 81。
〔註 53〕羽田亨著，耿世民譯，《西域文明史概論（外一種）》（北京：中華書局，2005 年），頁 81。
〔註 54〕拉鐵摩爾著，唐曉峰譯，《中國的亞洲內陸邊疆》（南京：江蘇人民出版社，2008 年 4 月），頁 118。

上的活動不一樣；在草原上，漢族軍隊的機動性，必須要能和遊牧民族相抗。
但是，遠征西域的軍隊要經過許多貧瘠、乾旱之地，補給是一個重大的問題，
因此他們必須藉由一個綠洲打到另一個綠洲獲得補給。同時，草原戰爭仰賴
作戰技術，而在中亞綠洲戰爭中，就不必如此，只需有足夠力量壓制綠洲居
民，同時也壓制了遊牧民族。其二，國家和皇朝都不需要帝國殖民地；由於
當地的經濟困難，所以無法大規模的在中亞榨取殖民地利益，即便能在當地
徵收稅賦以支出軍事費用，但往往仍是無法滿足軍事上的支出。所以漢族向
中亞發展的根本原因是：控制中亞的綠洲及部落，以建立對抗草原遊牧民族
的同盟；或是對綠洲進行防禦性佔領，以免遊牧民族做爲根據地。同時透過
征服他們，使綠洲小國認爲，依附中國要比做遊牧民族的附庸更有利。〔註55〕

　　建構在河西堅強實力之上的絲綢之路，促進了之後新疆地區經濟社會的
發展。絲綢之路開通後「使者相望於道，諸使外國一輩大者數百，少者百餘
人，人所齎操大放博望侯時」、〔註56〕「漢率一歲中使多者十餘，少者五六輩，
遠者八九歲，近者數歲而返」，〔註57〕足可見兩漢之絲路繁榮之況。而西域貿
易帶來的利潤究竟有多驚人，以至於在新莽晚年天下大亂之際，河西地區就
出現了竇融、隗囂的集團，其保境安民的同時與維護西域通商之利並不相衝
突，我們可以從〈孔奮傳〉中得到線索，《後漢書・郭杜孔張廉王蘇羊賈陸》
載：

> 孔奮字君魚，扶風茂陵人也……遭王莽亂，奮與老母幼弟避兵河西。
> 建武五年，河西大將軍竇融請奮署議曹掾，守姑臧長。八年，賜爵
> 關內侯。時天下擾亂，唯河西獨安，而姑臧稱爲富邑，通貨羌胡，
> 市日四合，每居縣者，不盈數月輒致豐積。奮在職四年，財產無所
> 增。事母孝謹，雖爲儉約，奉養極求珍膳。躬率妻子，同甘菜茹。
> 時天下未定，士多不修節操，而奮力行清絜，爲眾人所笑，或以爲
> 身處脂膏，不能以自潤，徒益苦辛耳。奮既立節，治貴仁平，太守
> 梁統深相敬待，不以官屬禮之，常迎於大門，引入見母。〔註58〕

時逢新莽天下大亂，扶風人孔奮避戰禍於河西，後來被任命爲姑臧長官，姑

〔註55〕 拉鐵摩爾著，唐曉峰譯，《中國的亞洲內陸邊疆》（南京：江蘇人民出版社，
　　　　2011年6月），頁337～339。
〔註56〕 班固，《漢書》，卷六十一下〈張騫李廣利傳〉，頁2694。
〔註57〕 司馬遷，《史記》，卷百二十三，〈大宛列傳〉，頁3170。
〔註58〕 范曄，《後漢書》，卷三十一〈郭杜孔張廉王蘇羊賈陸〉，頁1098。

臧轄於武威，除了是絲綢之路必經之地外，也與鄰近羌胡有貿易，尋常商人往往因爲密集的集市可以迅速致富，而孔奮在職四年，沒有利用職務上的優勢給自己增加財富，居然還被時人嘲笑。從以上引文中可以得知，除了河西地區在戰亂中獨善其身之外，史料還特別敘述其河西之「獨安」，以及姑臧位於貿易路線之中而成爲「富邑」，集市的密集程度更可以猜測當地的貿易量是相當龐大的。貿易帶來的利潤是武力的目標，而武力又是貿易活動的後盾，而河西地區在戰亂中的安定，也許就是這兩股力量的平衡。

　　由於長期以來對中央政權的依賴性較低，在新莽末、東漢初年的社會動亂中，隴右地方民眾大多傾向於擁戴地方武裝勢力以保護鄉土利益，他們的割據意識較強，對於建立全國性的政權沒有多大興趣，〔註 59〕使得西北豪族更傾向於保持著較強的地域群體意識。隴右豪強的地域意識使他們在政治上較爲保守，缺乏一種超地域性的眼界，在社會動亂之際，他們更傾向於割據自守，既不會主動出擊爭奪天下，也不願意被統一。就其發展過程而言，隗囂集團割據自保的意圖明顯。隗囂集團在王莽末期初起之時，打出反莽復漢的旗號，並積極行動，曾一度控制了西北大部分地區，成爲全國反莽戰爭中的重要組成部分。但隨著動亂形勢的發展，隗囂集團的割據意識越來越明顯。隗囂集團中，以本地豪強爲主的成員多主張割據一方。如隗囂與劉秀合作期間，王元、王捷「常以爲天下成敗未可知，不願專心內事（劉秀）。」〔註 60〕隗囂本人即認爲「人心思漢」只是當時社會的表象，「秦失其鹿」才是當時形勢的實質所在。〔註 61〕

　　關中長安的商業經濟曾於西漢一度鼎盛，兩漢之際綠林、赤眉軍推翻王莽政權，長安毀於一旦，加上東漢建都於關東洛陽，使關中商業經濟一蹶不振；而關中與涼州農牧業，因西漢時國都所在，資源充裕故特別發達，成爲關西經濟發展的新傾向。〔註 62〕從關西到涼州，更產生了一批以河西地區農牧爲業致富的勢力，如馬援「因留牧畜，賓客多歸附者，遂役屬數百家」、「因

〔註 59〕張功，《漢代鄉土意識與隗囂集團之興衰》，《天水師範學院學報》2003 年第 1 期。

〔註 60〕班固，《漢書》，卷十三〈隗囂傳〉，頁 524。

〔註 61〕楊龍，《新莽末，東漢初西北地區割據勢力研究──以隗囂集團和竇融集團爲中心》（長春：吉林大學碩士論文，2006 年），頁 25。

〔註 62〕王子今，《秦漢區域文化研究》（成都：四川人民出版社，1998 年），頁 27～46。

處田牧，至有牛馬羊數千頭，穀數萬斛」，〔註63〕馬援之子馬防「兄弟貴盛，奴婢各千人已上，資產巨億……刺史、守、令多出其家……防又多牧馬畜，賦斂羌胡。」〔註64〕，可見畜牧與豪族的結合，不僅僅只是經濟上的富裕，還將影響力深入政治中。

漢武帝設立河西四郡以來，這裡由於從中原來了移民、戍卒和漢王朝駐守邊郡的官吏，遂使中原文化在本地生根。加以吸收西域、中亞文化，故在地域文化方面有了迅速發展。1949 年以來，武威出土了大量的漢晉簡牘，如磨嘴子和旱灘坡漢墓中發現的《禮儀簡》、《法令簡》、《醫簡》及「旱灘坡紙」、絲紡織品、漆器等，充分證明中原漢族的農業文化已經在這裡生根發展，並廣為傳播。由於以儒家經典為主的大量漢籍在這裡廣泛傳播，從而使這裡產生了許多名儒、學者。例如孔奮、任延、張奐及其子書法家張芝等。〔註65〕魏晉時期，武威已成涼州治所，因之經濟、文化更有了長足的發展，其文化水準已不遜於中原地區。涼州能成為魏晉時期北方文化中心，是有其歷史原因的。永嘉之亂後，北方各少數民族和地方勢力紛紛割據，政局混亂的局面。中原一帶由於戰亂不已，經濟和文化都遭到了嚴重的破壞，而當時的涼州成了北中國唯一政治安定、經濟繁榮的地方。史稱「天下方亂，避難之國唯涼土耳」，「中州避難來者日月相繼」。中原士庶大量湧入河西，這對保留中原傳統文化並進而推動涼州文化，都產生了積極的影響。張軌執政期間，為了薦拔賢才，勵精圖治，銳意興辦教育事業。「征九郡胄子五百人，立學校，始置崇文祭酒，位視別駕，春秋行鄉射之禮」。這一措施有力的保存了中原地區先進的文化和生產技術，培養並造就了一大批人才。司馬光指出：「永嘉之亂，中州之士避地河西，張氏禮而用之，子孫相承，故涼州號為多士」。終五涼一代，由於許多士人在這裡講學傳授中原文物典章，形成了歷史上著名的河西儒學，從而確立了涼州之地北中國文化中心的地位。〔註66〕

原先河西走廊從漢人罕至的化外之地，在經歷了武帝以後百年的不斷開發，到新莽時期已戶口與內郡相去無幾，在帝國以屯田、戍邊輔助的移民政策之下，涼州也成為內郡的模樣，更是成為了中國版圖的傳統部分。

〔註63〕 范曄，《後漢書》，卷二十四〈馬援傳〉，頁 828。
〔註64〕 范曄，《後漢書》，卷二十四〈馬防傳〉，頁 857。
〔註65〕 王乃昂、蔡為民，〈論絲路重鎮涼州的歷史地位及其影響〉，頁 29。
〔註66〕 同上註。

第三節　漢與羌的生活環境

本節探討涼州的自然環境，涼州可分為漢人與羌兩個區域來理解，以釐清同樣在涼州，但生活環境截然不同的大區。

（一）河西地區

河西走廊位於中國西北部，是兩漢涼州的主體部分。涼州東部處於黃土高原西緣，直至今日，隴東的董志塬、早志塬、宮河塬、屯子塬、孟壩塬仍是著名的糧倉。涼州中部是一片山地型高原，黃河自西向東、再向東北穿越隴中高原，其眾多的支流如洮河、湟河、祖厲河、大夏河、莊浪河等沖積形成許多谷地。〔註67〕從相對位置來看，南西是祁連山脈，又稱南山；北而自東向西依次有龍首山、合黎山和馬鬃山為北山，南北兩山之間，形成了一條呈西北──東南走向的狹長走廊，故稱河西走廊。由於河西地區主要的政治、經濟和文化中心大都位於河西走廊，因而，人們常以河西走廊代指河西地區，實際上，河西地區的地域範圍遠大於河西走廊，它不僅包括河西走廊，而且還包括甘肅省境內的北山山地，與阿拉善高原南緣與柴達木盆地北部一隅和祁連山山地。因此，人們一般說的河西走廊，實際上只是河西地區的一部份。〔註68〕在走廊之內因為山勢走向而分割成三個平原灌溉區，即武威、永昌綠洲平原，張掖、酒泉綠洲平原，玉門、敦煌綠洲平原，從祁連山發源的河川自東向西匯流成石羊河、黑河、疏勒河三大內陸河水系，分別流經上述三個平原，對於當地的農業發展非常有利。〔註69〕

河西地域遼闊，位處中國三大自然區──東南季風區，蒙新高原區，青藏高原區的交匯之赴，自然條件複雜，形成以山地土壤，荒漠土壤，綠洲灌溉耕作土壤為主的各類土壤。在走廊中，北部地區尤以地帶性的灰漠土、灰棕漠土、棕漠土、風沙土等荒漠土壤所占面積較大。〔註70〕而黃土卻僅僅出現在河西東部的武威和張掖，在河西其他地方卻沒有黃土。張掖及其西北的

〔註67〕王勗，〈東漢羌漢戰爭動因新探〉，《中國邊疆史地研究》，第十八卷、第二期，2008年，頁16。

〔註68〕高榮，《先秦漢魏河西史略》（天津：天津古籍出版社，2007年），頁1。

〔註69〕賈小軍，《魏晉十六國河西社會生活史》（蘭州：甘肅人民出版社，2011年），頁73。

〔註70〕李並成，《河西走廊歷史地理》，頁9。

臨澤縣之間鹽土甚盛，是鹹性土壤地帶，除了少數能在鹽地中生長的植物外，幾乎是寸草不生，由張掖往西北的的鹽土是越來越多，加上雨量限制，導致草木生長極為困難。因此，在河西西部的數個城市如酒泉、敦煌、玉門等於是孤立於鹽漠中，藉由綠洲發展的城市。〔註71〕

【表6】河西走廊土地資源分類簡表〔註72〕

類　　型	面積（km²）	所占面積（%）	海　拔（m）	分布地域與基本特徵	人工利用
極高山	17494	6.47	3900～4500	含冰川和永久積雪、寒漠兩個地形。	冰川為重要的綠洲水源。
高山	30078	11.13	3000以上	東部多高山灌叢草甸、西部為高山灌叢草原。	草甸為良好的水源涵養地，草原可做夏季牧場。
中山	21862	8.09	2000～3200	陰坡多塊狀次生雲杉林，陽坡多草甸草原，西段為荒漠草原。	雲杉林區對涵養水源有其重要性。
低山和丘陵	37764	13.98	200以上	主要分布在北山及阿拉善高平原。	部分可輕度牧業利用。
山間平地和谷地	8347	3.09		高山草甸、高寒草原，植被較好。	夏季牧場，如皇城灘、馬營灘，歷代以畜養軍馬著稱。
土質平原	12401	4.59		分布於古今河流中下游，或山前洪積扇中下部，地下水位較深。	大部分可開墾為農業用地。
鹽土灘地	10173	3.76		分布於地勢低窪處，含鹽量約2～10%。	難以利用，只宜牧駝。
低平灘地	4579	1.69		系平原地區負地形，植被良好。	牧業用地。

〔註71〕前田正明著、陳俊謀譯，《河西歷史地理研究》，頁6。
〔註72〕本表參考自李並成，《河西走廊歷史地理》，頁6～7。

類　　型	面積 （km²）	所占面積 （%）	海　拔 （m）	分布地域 與基本特徵	人工利用
戈壁	88447	32.73		多爲洪積戈壁，北山有石質戈壁。	可輕度牧業利用（牧駝）
沙漠	25188	9.32		有騰格里、巴丹林吉、庫姆塔格三大沙漠及片狀流沙，綠洲邊緣多灌叢沙堆。	沙丘間洼地地下水位較高處可做爲荒漠牧場和營林。
人工綠洲 （灌耕地）	11125	4.12		人工灌溉、淤積、肥化而成，條件優越，下游綠洲與荒漠接觸面較大。	歷來農業的精華區域。
旱耕地	2233	0.83		主要分布在南部中山地帶，降水稍多。	可旱作，但部分地段旱作對林、草破壞大。
水域	461	0.17		湖泊、大河	灌溉，捕漁。
鹽、硝池	44.6	0.02		主要分布在大河下游，以及沙漠湖盆內。	可開採。

　　從上述整理的表格來看，河西走廊雖然地域遼闊，但不宜爲農業開發的戈壁、沙漠、山地等等，佔大多數。而農業適宜的平原地形僅佔總面積不到5%，旱耕地更是不足1%；河西西部深處所依賴的綠洲，也只佔全面積的4%多，這些零星散布於茫茫大漠之中的綠洲，其生態環境受到荒漠的影響，潛在之不穩定因素較強。尤其是下游綠洲地區多流沙、鹽鹼地。〔註73〕表面上河西走廊的農業開發爲水源限制，但自祁連山東向西平均海拔三千公尺的高山群，其頂部有終年不化的冰川，融化的雪水供應了走廊東部的石羊河水系、中部的黑河水系、西部的疏勒河水系，更重要的是，雪水幾乎是當地地下水的源頭，而這些地下水與內陸河更是滋潤著河西走廊的精華地段。祁連山對於河西地區的重要性，寧可認爲「沒有祁連山，沒有祁連山的雪水，也就沒有河西的繁榮，沒有河西的歷史。」〔註74〕

〔註73〕李並成，《河西走廊歷史地理》，頁8。
〔註74〕寧可，《寧可史學論集》（北京：中國社會科學出版社，1999年），頁700。

由於河西地區獨特的地理位置，及其在軍事戰略上舉足輕重的地位，便成為中原帝國與遊牧族群爭奪的戰場。因此，中原帝國甚至一些割據軍閥，都極為重視對河西的經營，不僅在河西設立了政治組織和管理機構，而且進行了大規模的經濟開發，從而使河西經濟迅速發展起來。河西牧業發達，發達的農牧業再加上日益繁榮的絲路貿易，使河西成為了西北地區的經濟中心，中原帝國北上或西進，都離不開河西走廊的人力、物力、財力，在西北的歷次重大軍事行動中，河西都是軍隊集結地和後勤供應據點。

（二）河湟地區

東漢時期的羌人，主要是指世代生活在「河關之西南羌地是也。濱於賜支，至乎河首」〔註75〕，的當地土著。河關即今日的甘肅省臨夏與青海省東緣的交界之處，〔註76〕也就是說，史料認為羌人散居在河關以西至黃河上游的河水邊，由於此地為青藏高原的北緣，平均海拔都在兩、三千公尺以上，河流在群山中奔騰，分割出不同的谷地，最後才匯入黃河。本節所指的對象為今蘭州以西的湟水流域與黃河上游，稱之為河湟地區。如前所述，此地位於青藏高原之東北，高原河谷是這裡最常見的地貌，河谷的平均海拔在 2200公尺左右，高地可達 4000 公尺以上，氣候大致來說是冷而乾燥：最暖月均溫為攝氏 11～13 度，低地溫暖處可達攝氏 17～21 度，年降雨量約為 300～400毫米。〔註77〕此區域河谷低平，氣候條件較好，河谷沖積平原與有黃土覆蓋的低山丘陵，也是黃土高原向西部延伸的最深處。比起本地其他區域來的更廣闊，當代這是河湟的主要農業區；在漢代，此處則是漢帝國軍民的主要屯墾區，〔註78〕漢帝國擊敗匈奴右賢王後，在此設立金城郡。

這裡是羌人出入農耕地區的重要通道，漢帝國驅逐羌人後，更屢屢於深入湟中設立屯田點。這些牧場與少量耕地，多沿河走向，成條塊分佈狀；在這條塊狀牧地上養育出的牧群、生產的羊皮及乳酪，基本上能滿足河湟羌人日常生活所需。拉脊山以南是黃河上游谷地，黃土在此呈零星的分散，主要農業區沿黃河東向西，依序有循化、尖札、貴德等河谷盆地；這些都是河谷

〔註75〕 范曄，《後漢書》，卷八十七〈西羌傳〉，頁 2869。
〔註76〕 楊建新，《中國西北少數民族史》（蘭州：蘭州大學出版社，1970 年），頁 188。
〔註77〕 王明珂，《遊牧者的抉擇：面對漢帝國的北亞遊牧部族》，頁 158。
〔註78〕 同上註，頁 159。

沖積平原與黃土丘陵盆地。漢代羌人各部所爭奪的主要河谷——大小榆谷，據信就在貴德與尖扎之間。

日月山以西到青海湖一帶則是另一個區域，此處海拔較高，青海湖的海拔達三千兩百公尺，低處可為冬春牧場，高處可為夏季牧場，漢代的西海郡就在青海湖東岸。

比起蒙古草原來說，河湟地區的自然環境更具多元性，高度是一決定因素。高度影響植物的生長，也影響人類的農業活動，在北緯 38 度，也就是青海省的緯度，農業分布的上限約在海拔 2700 公尺左右，往南到北緯 32 度的地方，如西藏那曲以北，在這裡的農業分布上限可達海拔 3600 公尺，森林灌木大約分布在海拔 2200～3300 公尺處，在森林灌木與農業分布的上端盡頭，就是高地草原開始分布的地方。〔註79〕高寒的山地也許不能像遼闊的蒙古草原那樣發展出大規模的牧場，但高原河谷也為羌人帶來另一種生活型態，尤其在此處因為穩定水源供給，如河湟流域，對於沿河兩岸的森林成長是相當有利的，其次，由於地處高寒，山勢陡峭，低溫的環境使傳染病在此存活性較低，即便有一、二個部落染病，也因為地勢封閉而減緩其疫情的散播，間接使羌人的畜牧與農業得到穩定的環境。

除了得天獨厚的天然環境之外，該地也是日後與河西走廊絲路齊名的「河南道」絲路的必經之地。此處的河南，是指南北朝至初唐時期，鮮卑慕容部後裔——吐谷渾國的領地，〔註80〕由於地處黃河上游南岸，吐谷渾國主也被稱為河南王，故亦稱為河南。絲綢之路河南道是由四個分段所組成的，即西蜀分道，河南分道，祁連山分道，柴達木分道，〔註81〕彼此承先啟後，互相連結，這一條從蜀地到西域的路線，以湟水為中心，向北越過祁連山到張掖、武威；或者向西行通過柴達木盆地到達新疆若羌。這一條「河南道」絲路存在的意義是，當北方政權如北魏壅斷河西道絲路，或者是地方割據政權如西秦、南涼、北涼等，彼此敵視，相互掠奪或封鎖，導致河西道幾近癱瘓時，由吐谷渾建立起橫跨千里的草原王國，在幾代國主的積極主導與精心經營下，其轄境內的青海道成為連接中西交通的紐帶，肩負起中西方政治、經濟、文化交流的重任。對於國內各割據政權而言，吐谷渾更是一個聯絡塞北

〔註79〕王明珂，《遊牧者的抉擇：面對漢帝國的北亞遊牧部族》，頁 160。
〔註80〕陳良偉，《絲綢之路河南道》（北京：中國社會科學出版社，2002 年），頁 9。
〔註81〕同上註，頁 11。

與江南的中繼站。南朝使者從建康溯長江而至益州，進入吐谷渾境內，由吐谷渾人送到鄯善，再經高昌達柔然之地，柔然使者同樣地由高昌、鄯善國，經吐谷渾地順江而下安全到達南朝。〔註 82〕吐谷渾國的創始者，慕容吐谷渾在四世紀初時由東北一路遷徙至隴西，他的後繼者不斷的向西向北發展，最終建立起政權，但是這批移民畢竟是相對的極少數，與當地的羌人融合，是很合乎邏輯的。

假設吐谷渾國的主體族群含有羌人的族裔，那麼在東漢時期的羌人，是否也像吐谷渾國這樣，具有連接南北、貿易中轉的性質在呢？筆者認為是很困難的，其一，羌人各部均為平行組織各行其事，經常出現強併弱、大吃小的舉動，彼此之間相互掠奪，以雄強者為尊，但卻從未出現整合羌人各部的超部落實體，一個缺乏穩定政治環境的族群，勢必無法保障貿易的安全。其二，王明珂認為，河湟羌人的畜產中沒有適合長途移動，耐負重的馱獸，如駱駝、驢、騾等，而馬、牛，並不適合進行長途貿易的牲畜，〔註 83〕更況居住在河湟谷地的羌人，透過畜牧生產、耕作，再以掠奪其他部做為輔助，可以勉強達到自給自足的狀態，故貿易對羌人並不是必要的選擇。

羌中貿易的利益早在西漢初就為內地有識之士所關注。《史記・貨殖列傳》中記載西北貨殖時說：「天水、隴西、北地、上郡與關中同俗，然西有羌中之利，北有戎翟之畜。」，〔註 84〕這或許是漢文史料中有關羌中之利的最初記錄與最概括的認知。不過，把羌中之利僅僅看作是一種貿易之利，是有失偏頗的。羌中之利產生於羌中比較穩定的畜牧經濟基礎上，一個貧困的、不長草木的羌中，縱使有黃金水道繞過，也怕難以達到所謂的羌中之利。〔註 85〕

第四節　涼州的特殊資源

綜前所述，涼州的氣候，農、牧業與交通位置都有其出色所在，但這並不是其獨一無二的存在，圍繞著華夏從東北大興安嶺南部，南倚長城為平行，

〔註82〕丁柏峰，〈吐谷渾路的形成及其歷史影響述略〉，《中國土族》，第四期，2011年，頁44。

〔註83〕王明珂，《遊牧者的抉擇：面對漢帝國的北亞遊牧部族》，頁172。

〔註84〕司馬遷，《史記》，卷百二十九，〈貨殖列傳〉，頁3262。

〔註85〕楊永俊，〈論兩漢時期羌漢戰爭中的羌中之利〉，《西北史地》，第三期，1998年。

西抵河湟地區，再折向南方，沿青藏高原東緣直達雲南西北部，考古學者認
爲這一條半月形的空間，一直是畜牧或半農半牧民族繁衍生息的場所，由於
文化的同一性，加之沒有大的地理障礙，往來非常方便，所以周邊少數民族
經常沿著這一半月形地帶進行遷徙。〔註 86〕與羌人同時代的鮮卑聯盟，其與
漢帝國互動的性質也是與羌人相近的，同樣以遊牧作爲主要生產手段、同樣
的劫掠邊境、同樣接受漢帝國的徵召等等……但就細部來看，鮮卑人大部分
都統一於各「部落大人」之下，向外作戰或掠奪時往往群體行動；比起羌人，
鮮卑人更傾向與漢人貿易，以取代發動劫掠的成本，其族群的凝聚程度也比
羌人來的堅實。雖然鮮卑在東漢時也是一個棘手問題，畢竟遠在東北，距離
兩京遙遠，而帝國的北疆國防線還要同時應付羌人、南匈奴、烏桓，需要很
大的心力去平衡族群問題，反觀東漢安、順朝之後，多庸主早逝、幼主臨朝，
外戚宦官循環惡鬥，混亂朝政下的邊疆形勢，可想而知。

　　本節所欲探討的是，除了畜牧、農耕的複合經濟，以及優越交通位置之
外，還有什麼是涼州軍閥得以稱雄一時的資源呢，可從下列兩個脈絡出發。

（一）東漢國防的缺陷與羌人

　　光武帝建立東漢後，有感天下疲弊，抑或者是不願意見到地方擁有武力，
因此下詔削弱地方軍事力量，使之難以與帝國中央對抗。西漢地方軍佔帝國
軍隊比例最多，規模最大，東漢沿襲西漢制度，地方屯兵，則使光武帝大不
放心。〔註 87〕因此東漢兵制的重大改變，乃是光武帝建武六年下詔：「是歲，
初罷郡國都尉官。」〔註 88〕，都尉一職本爲秦制，職掌「佐守典武職甲卒，
秩比二千石。有丞，秩皆六百石。景帝中二年更名都尉。」〔註 89〕雖然光武
帝下詔解除地方武裝力量的兵權，但從日後的事實來看，基於維持地方治安
和邊防的需要，並沒有真正廢止徵兵。《後漢書》及《三國志》中益州、金城、
遼東、隴西、居延、蜀郡、九眞、樂浪、會稽等郡都有保有都尉的記載。〔註

〔註 86〕童恩正，《試論我國從東北至西南的邊地半月形文化傳播帶》，《文物與考古論集》（北京：文物出版社，1986 年），17～43 頁。
〔註 87〕黃今言，《秦漢軍制史論》（南昌：江西人民出版社，1993 年），頁 155。
〔註 88〕范曄，《後漢書》，卷一下〈光武帝紀下〉，頁 51。
〔註 89〕班固，《漢書》，卷十九上〈百官公卿表上〉，頁 742。
〔註 90〕邢義田，〈東漢的胡兵〉，《國立政治大學學報》，1973 年，第 28 期，頁 143～166。

90）《後漢書》〈百官志〉補充道：「中興建武六年，省諸郡都尉，并職太守，無都試之役。省關都尉，唯邊郡往往置都尉及屬國都尉，稍有分縣，治民比郡。」〔註91〕根據史料的記載，可見內郡的都尉只是省併本職，改由地方郡守兼任，影響最大的應當是取消「都試之役」。

都試的作用可以理解成承平時期，為維持地方軍戰鬥力所舉行的操演，《漢官儀》載：

> 民年二十三為正，一歲以為衛士，一歲為材官騎士，習射御騎馳戰陣。八月，太守、都尉、令、長、相、丞、尉會都試，課殿最。
> 〔註92〕

西漢時期的平民固定在一段時間接受軍事訓練，除了培養尚武精神之外，也對軍事技能以及戰陣部署有所了解，無形中提高了地方武裝的軍事素質。西漢平帝崩，時任東郡太守的翟義，不滿王莽將行簒逆事，聯合地方力量於都試時「斬觀令，因勒其車騎材官士，募郡中勇敢，部署將帥」，〔註93〕起兵討莽，光武本人在宛城也「期以材官都試騎士日，欲劫前隊大夫及屬正，因以號令大眾。」〔註94〕在都試中兵變取得軍權。這兩個例子中可以看到，都試固然提高了地方兵素質，但也有其隱憂，一旦有心人士掌握了地方兵指揮，將使得風險大為提高。

東漢罷都試後不再訓練地方兵，於是地方戰鬥力自是大不如前。東漢地方既無專門士兵，一般士兵又不受訓練，光武帝達到減弱地方兵力的目的，於是東漢積極利用外族兵作為軍隊重要組成部分。〔註95〕雖然外族兵戰鬥力強，而且所費不多，可是這個做法有著明顯的弱點，一來外族兵始終對漢室處於半服從的狀態，順逆無常，二來帝國士兵逐漸失去警備。〔註96〕光武帝這些措施，固然使軍權更為集中，但經年累月後形成一種近乎「強幹弱枝」的狀態，在當時也減輕了底層農民的兵役負擔，對於連年征戰、殘破不堪的農村的恢復有所助益，但對總體軍隊實力，尤其是邊防軍事實力而言，卻也

〔註91〕范曄，《後漢書》，志二十八〈百官志〉，頁3621。
〔註92〕同上註，頁3624。
〔註93〕班固，《漢書》，卷八十四〈翟方進傳〉，頁3426。
〔註94〕范曄，《後漢書》，卷十五〈李通傳〉，頁574。
〔註95〕邢義田，〈東漢的胡兵〉，頁143～166。
〔註96〕孫敏棠，〈東漢兵制的演變〉，收錄於，《孫毓棠學術論文集》（北京：中華書局，1995年），頁344。

產生了相當明顯的消極後果。漢末名儒應劭也認為，光武帝改變地方軍制所帶來的影響不在當下，而是在數年、甚至數十年後才能驗證的。《後漢書·百官五》載：

> 自郡國罷材官騎士之後，官無警備，實啟寇心。一方有難，三面救之，發興雷震，煙蒸電激，一切取辦，黔首囂然。不及講其射御，用其戒誓，一旦驅之以即強敵，猶鳩鵲捕鷹鸇，豚羊弋豺虎，是以每戰常負，王旅不振。〔註97〕

這說明了郡國罷材官、騎士後，國家沒有常備軍，又廢了都試，國家一旦有難時，倉促召集士兵，若遇上強敵，便不堪一擊。募兵制最大的缺點，就是把國家的軍隊轉化成私人的武力，產生了軍閥，構成軍閥的所應具備的特質──擁有軍隊，於是軍閥就有割據地方的工具。到了東漢末年，便產生了董卓、公孫瓚等不少軍閥。〔註98〕

　　而帝國使用外族兵的先例在西漢早已有之，但羌人所占比例不多，《宣帝本紀》載：

> 西羌反，發三輔、中都官徒弛刑，及應募佽飛射士、羽林孤兒，胡、越騎，三河、潁川、沛郡、淮陽、汝南材官，金城、隴西、天水、安定、北地、上郡騎士、羌騎，詣金城。〔註99〕

東漢時，帝國軍隊使用外族兵的比例大幅增加，更多羌人被徵往前線作戰，例如：

> 西羌寇隴右，覆軍殺將，朝廷患之，復拜武捕虜將軍，以中郎將王豐副，與監軍使者竇固、右輔都尉陳訢，將烏桓、黎陽營、三輔募士、涼州諸郡羌胡兵及弛刑，合四萬人擊之。到金城浩亹，與羌戰，斬首六百級。〔註100〕

> （竇）憲懼誅，自求擊匈奴以贖死。會南單于請兵北伐，乃拜憲車騎將軍，金印紫綬，官屬依司空，以執金吾耿秉為副，發北軍五校、黎陽、雍營、緣邊十二郡騎士，及羌胡兵出塞。明年，憲與秉各將四千騎及南匈奴左谷蠡王師子萬騎出朔方雞鹿塞，南單于屯屠河，

〔註97〕范曄，《後漢書》，志第二十八，〈百官五〉，引注應劭《漢官》，頁3622。
〔註98〕施文雅，《東漢末軍閥割據之研究》，（嘉義：嘉義大學史地系碩士論文，2007年），頁32。
〔註99〕班固，《漢書》，卷八〈宣帝紀〉，頁259。
〔註100〕范曄，《後漢書》，卷二十二〈朱景王杜馬劉傅堅馬列傳〉，頁786。

將萬餘騎出滿夷谷，度遼將軍部端及緣邊義從羌胡八千騎，與左賢
王安國萬騎出陽塞，皆會涿邪山。

除了正規軍的徵召之外，羌人以及其他異民族作為輔助的比例在東漢越來越
高，羌人雖為兵役疲於奔命。不過，從另一角度看，這些兵役令羌人對漢帝
國的西邊佈防和其他內部情況加深認識。〔註101〕例如，敦煌出土的懸泉置漢
簡記載，羌人不單隨漢軍南征北戰，當中亦有充當下層吏卒者，於交通要道
工作，不少為「御」，負責駕車，運送物資或送信，〔註102〕邢義田指出，漢代
平民多文盲，但軍隊需要大量粗通文字和國家法令的吏卒，才能處理日常事
務，所以不少士兵在軍中學會文字，能書寫、計算，似乎在軍隊供職的羌人
也包括在內。〔註103〕

內附羌人作為被徵召對象，受過帝國軍事訓練以及漫長征途的鍛鍊，羌
人的軍事能力達到什麼程度呢，我們可以從永初（107）年間的羌人反抗來觀
察，該次反抗的導火線就是羌人不堪帝國兵役，在遠戍西域的路上發起暴動。
李敬坤也認為永初叛羌已經發展出嚴密的作戰計劃和組織能力。〔註104〕第
一，羌人首次建立政權。羌人本「不立君臣，無相長一，強則分種為酋豪，
弱則為人附落，更相抄暴，以力為雄」，〔註105〕但是該次叛亂發生一年後，即
永初二年（108年），滇零自稱「天子」，可見是有預謀的政治行動；第二，滇
零建立政權後，「招集武都、參狼、上郡、西河諸雜種」，〔註106〕並積極團結
不同民族對抗漢廷。內附降羌在亂事初期加入了叛軍：「時羌歸附既久，無復
器甲，或持竹竿木枝以代戈矛，或負版案以為盾，或執銅鏡以象兵，郡縣畏
懦不能制。」〔註107〕永初五（111）年秋，杜琦、杜季貢領導的漢人叛軍加入。
與滇零合兵，攻下上邽。後來杜琦兵敗，加入了滇零政權；第三，元初三（116）
年「擊零昌於北地，殺其妻子，得牛馬羊二萬頭，燒其廬落，斬首七百餘級，
得僭號文書及所沒諸將印綬。」〔註108〕羌軍建立官制，封官授印，才能動員

〔註101〕李敬坤，《東漢永初羌亂研究》，頁30。
〔註102〕郝樹聲、張德芳，《懸泉漢簡研究》（蘭州：甘肅人民出版社，2009年），頁
174～175。
〔註103〕邢義田，〈東漢的胡兵〉，頁143～166。
〔註104〕李敬坤，《東漢永初羌亂研究》，頁49。
〔註105〕范曄，《後漢書》，卷八十七〈西羌傳〉，頁2869。
〔註106〕同上註，頁2886。
〔註107〕同上註。
〔註108〕同上註，頁2890。

軍隊「東犯趙、魏，南入益州，殺漢中太守董炳，遂寇鈔三輔，斷隴道」〔註109〕，安帝時的羌亂不論在叛羌來源及影響範圍、叛羌組織與戰術，均展現出前所未見的戰鬥力。〔註110〕

（二）戰馬

《後漢書》，卷24〈馬援列傳〉馬援說「夫行天莫如龍，行地莫如馬。馬者甲兵之本，國之大用。」〔註111〕東漢開國大將馬援戎馬半生，體會了馬匹在戰爭中的價值，於是下了這樣一個評語。秦漢時期，隨著騎兵戰術的改進，疆界的拓展與遊牧族群的互動加深，使得軍馬需求量大為增加。但由於氣候和地理環境關係，中原大部分地區生產不出堪用於作戰之良馬。秦漢統一後，疆域拓展到亦農亦牧的地區，騎兵發展的先天限制也促使了帝國重視馬政，促進軍馬在數量以及品質上的提高。

騎兵戰士乘騎的主要對象是戰馬。據其功能大體分為四種：馱用馬、挽用馬、乘用馬和兼用馬。騎兵所騎的僅是其中的乘用馬，如乘用馬不足，以兼用馬補之。乘用馬有特殊的體型特徵，系長腱肢，短軀背，體長和身高略近方形。短軀背，則腰身有力，負重物不易凹陷，並有助於後肢的推進力前移，從而增強負重能量，增加速度，增大轉動、跳躍、奔馳中的靈敏性。這一點，遠不同於挽馬。長腱肢則舉揚較高，擺動幅度較寬，從而產生較大的步子、較快的速度。這也是不同於馱馬的特點。另外，這種類型的馬，蹄質堅韌，肌肉結實，氣質活潑，適合以作戰。中原正規騎兵的戰馬有文字檔案，將產地、調教、服役、戰功、得獎、傷病治療、休養、退役、歸屬等，均記錄在案。北方遊牧民族騎兵的戰馬，雖少文字檔案，遊牧人相馬者眾，根據面額形狀、口角皮厚度、皮膚彈性、毛色光澤，還有體力、速度、敏捷程度等，特別是切齒的變化，可以準確判斷戰馬的年齡、健康狀況和功能等。還有一點應當指出，戰馬因長年過著緊張的戰鬥生活，很難保證飼養、管理到位、役使得當，從而損傷健康，患病不可避免。故其壽命短於農耕馬、挽型馬，其平均年齡與25～30歲有差距。騎兵中每年都有大量戰馬按時退役。退役後除做些力所能及的雜役外，多為賦閑。戰馬退役之同時，必須有相應戰

〔註109〕范曄，《後漢書》，卷八十七〈西羌傳〉，頁2886。
〔註110〕李敬坤，《東漢永初羌亂研究》，頁51。
〔註111〕范曄，《後漢書》，卷二十四〈馬援列傳〉，頁840。

馬陸續補充，如此方可維持原來的騎兵編制，保持固有的軍事力量。因此，沒有雄厚的養馬業以及完整的馬政機構作爲先決條件，是難以維持強大的騎兵隊伍的。〔註112〕

　　漢帝國是由小農經濟爲主的農民所支撐的，農業族群對於馬匹的天然需求遠低於遊牧族群，不過自西元前 307 年趙武靈王推動「胡服騎射」改革強化騎兵以來；再到秦漢時期與匈奴作戰時可以發現，中原的騎兵發展脈絡一直是想要彌補馬匹與騎兵的差距，有研究者認爲蒙恬與匈奴作戰時，其部隊就中就有爲數不少的「樓煩騎兵」，〔註113〕以由類似生活模式的族群對抗匈奴。秦統一之後，更將馬政做制度化管理，如在邊郡設立「六牧師令」，這意味著官僚化的畜牧機構和比較完善的牧師苑制度己經被創建。但是，由於秦帝國國祚短促，關於這一時期牧師苑的發展情況，史料中留下的線索有限。西漢時邊郡牧師苑集中於涼、并州半農半牧區，這裡人口稀少，有著大片未開墾和不宜農耕的潛力牧場，同時遼闊的高山草甸爲牧養軍馬提供了天然大牧場。〔註114〕帝國的三十六牧苑設於此地，有利於集中開發邊郡畜牧業資源。同時，這個半農半牧區是北方畜牧區和中原農業區的調和地帶，聯繫起兩大經濟區域的樞紐，對於邊郡的經濟實力與人口增長有顯著的效果。漢武帝自元光二年（西元前 133）至征和三年（西元前 90）止，共計對匈奴用兵 19 次，〔註115〕戰爭對於戰馬的消耗不論勝敗折損都是巨大的，如《史記・平準書》載

> 其後四年，（徐廣曰：「元朔五年也。」）而漢遣大將將六將軍，軍十餘萬，擊右賢王，獲首虜萬五千級。明年，大將軍將六將軍仍再出擊胡，得首虜萬九千級。捕斬首虜之士受賜黃金二十餘萬斤，虜數萬人皆得厚賞，衣食仰給縣官；而漢軍之士馬死者十餘萬，兵甲之財轉漕之費不與焉。〔註116〕

三十六牧苑分散設立於西北地方，多數都在涼州，在涼州有三大優勢：其一，

〔註112〕孟古脫力，〈騎兵建設推動養馬業的發展——戰馬馬源之分析〉，收錄於《北方文物》，第三期，2005 年，頁 84。

〔註113〕周凱軍，〈秦漢時期的馬政〉，收錄於《軍事經濟研究》，1993 年，頁 89。

〔註114〕陳芳，〈秦漢牧苑考〉，（西安：西北大學碩士論文，2006 年），頁 11。

〔註115〕何平立，〈略論西漢馬政與騎兵〉，收錄於《軍事歷史研究》，1995 年，第二期，頁 104。

〔註116〕司馬遷，《史記》，卷三十〈平準書〉，頁 1422。

這裡靠近邊塞戰場，軍馬供給方便，同時從戰爭中擄獲的大量馬匹和牛羊等畜產可就地安置，以補戰馬所缺。其二，與胡地接近，便於引進西域優良馬種，為戰爭提供優質馬匹。其三，這裡水草豐美，遼闊的天然高山草甸最適良馬生長。河西四郡敦煌、武威、張掖、酒泉設立後，又增添了祁連山、焉支山等廣闊的天然牧場。祁連山在「張掖、酒泉二界之上，東西二百餘里，南北百餘里，山中冬溫夏涼，宜牧牛，乳酪濃好」〔註117〕，「焉支山東西百餘里，南北二十里，亦有松柏五木，其水草茂美，宜畜牧，與祁連山同」。〔註118〕可見祁連、焉支二山及周圍草山地帶是優秀的牧場，佔有此處不僅削弱匈奴人的實力，更為漢帝國拓展養馬場地提供了天然牧場。

　　涼州地區的牧苑其特殊性，在於絲路與西域諸國的互動，早在漢武帝時代就透過戰爭手段取得大宛馬，但謝成俠認為，這批入塞的全部都是種馬，如果只是為了騎兵軍用，那並不是合適的選擇，〔註119〕可能是種馬未騸之前，雖性情猛烈，爆發力強，但容易因發情等問題而躁動，因此這批戰馬很有可能是用來配種用的，用以改良漢帝國的戰馬。

　　隨著絲路來的還有「苜蓿」，一種被認為原產於波斯高原的草本植物，在西元前四世紀時代，苜蓿就被波斯帝國用於飼養戰馬，苜蓿來到中國以後，迅速的在華北流傳；成熟的苜蓿可作為戰馬糧秣之外，發育初期的苜蓿也可食用，為糧食吃緊的底層民眾提供了另一種選擇。〔註120〕

　　漢代的騎兵，多出自隴西、天水、安定、北地、上郡、西河六郡的「良家子」，這些地區都是畜牧業發達的產馬地區，又「皆逼近戎狄，修習戰備，高上氣力，以射獵為先」，〔註121〕原先這裡的農業並不發達，其經濟生產方式傾向畜牧。在此種環境下，人們從小耳濡目染，受到騎射等基本訓練，故自然成為漢代騎兵的兵源所在。

　　西北養馬的興盛，當以昭宣二帝為最盛，宣帝時與匈奴作戰，動員多達十五萬騎，隨後兩漢之交天下大亂，河西地區雖保持一定程度的安定，但難免受到波及。東漢以後，西北邊郡與羌人紛爭持續不斷，特別是羌人的暴動，由於其社會組織的特性，導致暴動屢起難平。涼州在羌人暴動最危急的時刻，

〔註117〕張澍編輯，《涼州記》（上海：商務印書館，1936年），頁6。
〔註118〕張澍編輯，《西河舊事》（上海：商務印書館，1936年），頁2。
〔註119〕謝成俠，《中國養馬史》（北京：中國科學院，1959年），頁100。
〔註120〕同上註，頁105～106。
〔註121〕班固，《漢書》，卷二十八下〈地理志〉，頁1644。

如安帝永初和順帝永和年間，西河、上郡、安定、北地、隴西等郡曾幾度僑
置到三輔地區，而成為戰區的牧師苑也必然無法正常運作，逐漸荒廢也是無
可避免的。

第四章　董卓與涼州軍團

第一節　帝國的衰弱與地方勢力

　　東漢建國之初，對於前朝外戚干政之事頗為戒慎恐懼，因此對於外戚勢力是刻意壓制的，但直到安、順二帝以後，繼任者往往荒於政事且早夭，幼主在外戚影響之下臨朝，稍稍成長後便聯合宦官排擠外戚，奪回大權，不久後又駕崩。這樣的循環，使得皇權在宦官與外戚的對抗中擺盪，而帝國中樞機要，也大多被門閥大族所把持，這些門閥在地方上也是豪族，相當有影響力。整體國勢就在這種近乎自我消耗的情況下日漸衰弱，在前幾章曾探討過羌人何以起身反抗，整理出了幾個重點，包括天災、歉收、瘟疫、吏治、政策等問題；同樣的，在帝國其他角落，也有因為此等問題而展開的民變。

　　東漢安、順以後，民變的程度也逐漸轉大，最大宗的起事當以靈帝中平元（184）年的「黃巾之亂」為代表，這股宗教性質的民變，震驚朝野，迅速席捲了全國，這種大規模的民變已不是基層郡縣官所能單獨應對的，於是靈帝及公卿百官，決議提升地方刺史的權力，權力的提高主要表現在對軍權的掌控。刺史首創之時本為奉六條詔書監察地方之官，是不掌兵的。但是從東漢安、順之後，為上者昏聵失政，導致民變屢起，社會混亂不止，為了鎮壓地方的民變，帝國給予刺史更大的權力。安帝時，就有刺史領兵出征的先例，至靈帝時，宗室劉焉建議將刺史改為州牧，州牧自始擁有對全州的軍、民政以及自行徵辟僚屬的權力，獨斷一州的政務並領兵鎮壓民變。但也有學者認為，為了防範農民軍和加強對州郡的控制，東漢把一些重要地區的刺史改為

州牧，選擇有名望而又可靠的宗室和其它的列卿尚書充任，給以一州的軍政大權。改設州牧不但沒有加強中央的控制，反而使某些地區的分散的割據勢力按地區集中起來，更便於實行割據。〔註1〕

這項改制使州牧們兵權更爲集中，對於鎮壓民變固然有便宜行事之利，但是天子的威信已衰弱，帝國中樞也混亂不堪，這對於手握軍政大權，欲與帝國分庭抗禮的州牧們，無疑是一種暗示，暗示著州牧實際上已然成爲地方唯一的代理人，爲日後軍閥割據的局面，提供了先決條件。黃巾起事是導致漢末軍閥割據的原因之一，爲了鎮壓這股民變，帝國下令徵招各地的義軍彌平民變，這些民間武裝大多都是在自己的故鄉擁有不少名望與實力的，包括那些廣爲人知的將領，如皇甫嵩、曹操、孫堅等等。由於靈帝及公卿百官提升州權力的決議，間接使這些地方力量在各自的勢力範圍之內，趁機強化其影響力與武裝，天子既無心政務，實際上也對地方勢力的發展無從干預，結果導致地方群雄擁私兵自重，相互傾軋兼併，視天子如無物，帝國如同名存實亡，因此「黃巾之亂」雖然其流佈全帝國，但終屬民變，在正規軍陣前迅速的被鎮壓下去。黃巾民變吹走了帝國最後的遮羞布，其腐朽不堪的本體被暴露出來，不僅加速帝國分崩離析，也開啓了漢末軍閥割據的局面。如東漢末年，涼州地方豪強居然募民造反，攻殺太守，《魏略》〈勇俠傳〉中提到：

> 至建安年中，（酒泉）太守徐揖誅郡中疆族黃氏。時黃昂得脫在外，
> 乃以其家粟金數斛，募眾得千餘人以攻揖。揖城守。豐時在外，以
> 昂爲不義，乃告揖，捐妻子走詣張掖求救。會張掖又反，殺太守，
> 而昂亦陷城殺揖，二郡合勢。〔註2〕

太守張揖欲一鼓作氣剷除豪強黃氏，但未成功。結果黃氏招募千餘人反而攻陷酒泉城，從引文中可以側面得知，僅用千餘人就能攻陷太守駐城，一方面反應了這些人可能就是受過訓練的部曲，二方面反應了黃氏可能與城中其他勢力有所聯繫，才得以順利破城。豪族所擁有的武裝力量與地方關係的結合，成爲帝國行政架構下的伏流，是一股不可小覷的力量。所謂豪族，並不是純粹的同姓同宗的集團，是以一個大家族爲中心，而有許多家或許多單人以政治或經濟的關係依附著他。這樣合成一個豪族單位。有些豪族，是先有了政

〔註 1〕 翦伯贊主編，《中國史綱要》，（上）（增訂本），（北京：北京大學出版社，2006年），頁158。
〔註 2〕 陳壽撰，裴松之注，《三國志》，（臺北：鼎文書局，1974年），卷十八，魏書第十八，〈二李臧文呂許典二龐閻傳第十八〉，引注《魏略》〈勇俠傳〉。

治地位，然後建立起經濟勢力。有的是先有了經濟勢力，再取得政治地位，這政治地位又幫助了經濟勢力的發展。〔註3〕

　　「軍閥」一詞，張玉法先生對軍閥的定義有三條：一、凡以軍隊為私有，以軍隊達到個人目的，罔顧法律秩序，或不效忠國家者，為軍閥。二、軍閥並非獨立於中央政府之外，有時控制中央政府，沒有控制中央政府的軍閥與中央政府的關係若即若離，但有中央政府所賦予的軍職或官位。三、有固定的地盤，或游動的地盤，以獲得資源，供養其軍隊。〔註4〕根據這個定義，在東漢末年有許多領兵將領、封疆大吏，都可以稱之為軍閥。

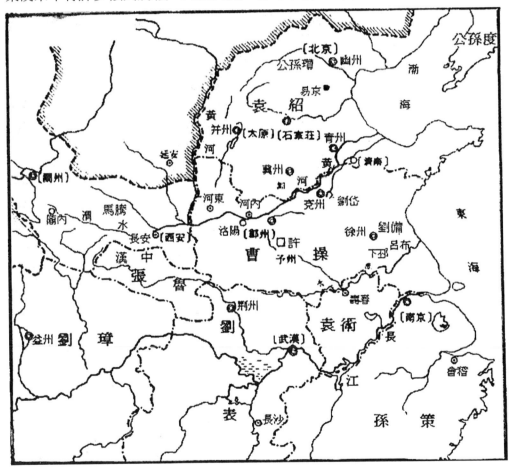

【圖6】漢末軍閥割據形勢圖〔註5〕

〔註3〕　楊聯陞，〈東漢的豪族〉，收錄於《清華學報》第 11 卷第 4 期，1936，頁 1017。
〔註4〕　張玉法，《中國現代政治史論》（臺北：臺灣東華書局，2002 年），頁 144～148。
〔註5〕　《中國文史地圖》，（臺北：里仁書局，1984 年），頁 43。

　　涼州境內有不同的經濟生產模式，這些平原河流與山脈，使漢以來的農業族群與遊牧族群，長期密切互動，相互融合，又會產生政治、經濟、文化的衝突。正是涼州這種地理文化的特殊性，造就了漢末的涼州軍閥，也使得涼州兵團之武勇爲人傳頌。談到涼州軍閥，董卓並不是唯一的代表，但勢必不能忽略掉他。董卓生於隴西臨洮，這裡是羌人相當密集的生活區，其生長環境或多或少受到羌人影響。但就血統與族群而言，歷經兩漢四百年的涵化，血統問題是相當無謂的，一個羌人家庭爲免受漢人敵視，故講漢人語言、穿漢人衣袍等，並掩飾其羌人過往，他們的後代也以漢人自居；反之，一個漢人移民來到羌地，爲免受敵視，也學習羌語、行羌人風俗，久而久之也許自視爲羌人。

　　由於這種可能性，所以使探究血統問題變成一件事倍功半的事，更值得被注意的是，族群的認同感與凝聚力。但也有研究者持相反態度，認爲漢羌之間的融合是緩慢且少數的，內徙的河湟羌人被安置在金城屬國內，在很長的時期內仍保留著自己的部落組織和風俗文化，推遲了被漢化的進程。另一方面，雖然後來統治階級廢除屬國體制，將內徙的羌人分散在各郡縣，與漢人一樣依郡縣體制管理，試圖促進羌人與漢人的融合與同化，然而，此時期漢人歧視遊牧人群的心態非常普遍及嚴重，各郡內的漢人不願與遊牧人群過多的往來，所以羌漢雖然交相雜錯，但基本都是聚族而居，許多漢人亦回避與羌人同居一處。〔註6〕西羌內遷之初，打破了原來聚居的分佈狀態，形成了漢村與羌村犬牙相錯的狀態，漢羌兩族雖然在經濟、文化等方面還存在著一定的差異，但隨著交往的頻繁，漢羌兩族逐漸同村而居，相互通婚，經濟生活、語言等逐漸趨於一致，最終使羌人的成爲華夏的一部份。

　　在前一章我們曾經討論過東漢國防上的漏洞，最重要的部分即是地方上取消都試，男子不再接受軍事訓練，但是仍被作爲徵召對象。缺少訓練的結果就是戰績低落，逢戰易敗，爲了解決戰爭，帝國決定大量的徵召胡族兵，於是邊疆軍隊裡胡族士兵的比例逐漸提高，如涼州有羌兵，并州有匈奴兵，幽州烏桓兵等等。而內地，從東漢中後期開始，土地兼併嚴重，大量流民出現。一些無所依歸的流民，就成爲募兵的對象。一旦召募，就以軍事編制把他們組織起來，其中相當大的一部份人就與募兵者結合成依附關係很強的部曲、賓客關係。〔註7〕

〔註6〕常倩，〈論兩漢時期羌人的凝聚〉，《貴州民族研究》，2011年，第1期，頁78。
〔註7〕施文雅，《東漢末軍閥割據之研究》（嘉義：嘉義大學史地學系碩士論文，2007年），頁31。

　　由將領進行的募兵，在靈帝時為求足夠力量鎮壓黃巾民變，曾多次的舉行，如皇甫嵩、朱儁等人。這種臨時性的募兵，象徵直屬於帝國的軍隊已經不堪作戰，而所募之兵因為戰爭需要，直接聽從募兵將領，對帝國本身是一把雙面刃，他的潛在威脅足以迫使帝國談判，而不是執行命令。

第二節　董卓的崛起與覆滅

　　董卓其人，在三國演義，在戲曲中大多被塑造成一個殘忍惡毒的人，大多數人的第一印象就是，好色與獨斷朝政，擅行廢立天子；而當我們一提到漢末的涼州軍閥，許多人就立刻聯想到董卓與他的西涼軍團。這位隴右的野心家利用他的成長背景，攏絡不少羌人豪酋為之效力，在鎮壓羌人與黃巾民變中嶄露頭角。隴右的幾個地方勢力如韓遂、馬騰等等，都藉羌事而起，藉羌人而風雲一時。那麼一個如此負面的人物，又如何能夠獨霸一方，進而宰制朝政呢？本節將探究董卓與其他涼州軍閥的崛起過程，是什麼樣的關鍵因素使此現象產生的。

　　董卓（？～192年）字仲穎，隴西郡臨洮人。漢代隴西的農業環境有限，當地人以狩獵等額外生產方式來補充生活所需，且在東漢晚期的涼州，天災屢發以及戰火蔓延，都使得這塊土地難以生存，《後漢書》〈陳龜傳〉載：

> 今西州邊鄙，土地堵埆，鞍馬為居，射獵為業，男寡耕稼之利，女乏機杼之饒，守塞候望，懸命鋒鏑，聞急長驅，去不圖反。自頃年以來，匈奴數攻營郡，殘殺長吏，侮略良細。戰夫身膏沙漠，居人首系馬鞍。或舉國掩戶，盡種灰滅，孤兒寡婦，號哭空城，野無青草，室如懸磬。雖含生氣，實同枯朽。往歲並州水雨，災螟互生，稼穡荒耗，租更空闕。老者慮不終年，少壯懼於困厄。〔註8〕

由於農業環境的限制，以及不安定的生活環境，使這裡的住民不同於內地的小農，而是傾向狩獵的生活模式，但在紀錄者的眼中，也許就變成「習於夷風」，〔註9〕一種對胡化的鄙視。另外，由於此處漢羌關係緊張，在這裡生活的住民要盡量爭取每一分自衛的力量，於是連女子也「戴戟操矛，挾弓負矢」，〔註10〕可見住民擁有基本戰技以及民風尚武的特色。《後漢書》〈董卓傳〉中載：

〔註8〕　范曄，《後漢書》，卷五十一，〈陳龜傳〉，頁1692。
〔註9〕　陳壽撰，裴松之注，《三國志》，卷六，〈董卓傳〉，頁184。
〔註10〕　范曄，《後漢書》，卷七十，〈鄭太傳〉，頁2258。

> 董卓字仲穎，隴西臨洮人也。性麤猛有謀。少嘗遊羌中，盡與豪帥
> 相結。後歸耕於野，諸豪帥有來從之者，卓爲殺耕牛，與共宴樂，
> 豪帥感其意，歸相斂得雜畜千餘頭以遺之，由是以健俠知名。爲州
> 兵馬掾，常徼守塞下。卓膂力過人，雙帶兩鞬，左右馳射，爲羌胡
> 所畏。〔註11〕

董卓生於漢羌衝突激烈的隴西郡，年輕時曾與羌人豪帥來往，由於其慷慨豪爽之舉，頗爲羌豪們所喜，因此身邊圍繞著不少羌人。其本人更以武勇雄健之名爲郡所知。對於董卓成長背景的描寫，並不是努力成爲一個具有文化素養的士人，反而更像是一個豪酋，也許是因爲認同羌人的社會倫理，可以使他在隴西與這些羌人豪帥保持良好的關係，日後進而招攬這些酋長。董卓的豪強形象與羌人豪酋的友善，也被認爲是羌化的特徵。〔註12〕

因并、涼、幽三地近胡，居民大多與胡族雜居，習夷風。以此三地起家的武人集團名之邊地武人，而邊地武人的善戰絕非僅僅是因爲胡化，戰爭的勝負不同於勇者的單挑，而在於整體的戰鬥力上。邊地居民在與羌族及邊地胡族長期的頻繁的戰爭中，形成了一種向內的合力意識，當這種合力意識在居安思危的提防心態下存在時，邊民對於一個頗有領導風範的首領便愈發的信任，進而形成戰鬥力極強的武力集團。〔註13〕

董卓之父董君雅曾任潁川綸氏尉，出身良好的董卓以六郡良家子的身分，被拔擢爲吏，在一場追捕胡人劫掠的行動中，戰績優異，《三國志》〈董卓傳〉載：

> 郡召卓爲吏，使監領盜賊。胡嘗出鈔，多虜民人，涼州刺史成就辟
> 卓爲從事，使領兵騎討捕，大破之，斬獲千計。〔註14〕

這一場戰役展現了董卓的指揮能力，掠奪者事敗大多四處散逃，難以追捕，董卓居然可以斬首千計，可見是一場出色的勝仗。帝國對於邊疆情勢的惡劣感到焦頭爛額，武勇且知兵事的董卓逐漸受到注目，不久後被司徒袁隗辟爲僚屬，正式踏入官場的第一步。桓帝晚年又發生羌人暴動，董卓以「六郡良家子爲羽林郎，從中郎將張奐爲軍司馬，共擊漢陽叛羌，破之，拜郎

〔註11〕 范曄，《後漢書》，卷七十二，〈董卓傳〉，頁2319。
〔註12〕 衛廣來，《漢魏晉皇權嬗代》（太原：書海出版社，2002年），頁301。
〔註13〕 趙立民，《漢魏晉的武人研究》（太原：山西大學碩士論文，2011年），頁17。
〔註14〕 陳壽撰，裴松之注，《三國志》，卷六魏書六，〈董二袁劉傳第六〉，引注《吳書》，頁172。

中。」〔註15〕並在名將張奐的麾下作戰，因戰功一路從羽林營的軍官，〔註16〕到廣武令，蜀郡北部都尉、西域戊己校尉。至此我們可以發現，董卓的官職幾乎都是軍職，所駐之地都不是安逸穩定的內郡，而是潛藏危機的險地，可見帝國對他軍事能力的倚重。此外，北部督尉、戊己校尉，都是高級武官，尤其是戊己校尉，更是督護西域的高級將領，品秩高達兩千石。正值上升期的董卓在西域戊己校尉的任上，突然為某事「坐事免」，被免官，在《後漢書》和《三國志》都只提到坐事免，並未解釋為何事而免，張大可先生認為，靈帝建寧二年（169）發生第二次黨錮之禍，張奐坐黨獄被禁錮，董卓為奐故吏，連坐免。〔註17〕回到涼州後，董卓再度被起用，外放為并州刺史、河東太守等職。〔註18〕中平元年（183），董卓任東中郎將因討伐黃巾之亂兵敗抵罪，又回到涼州。中平二（185）年，免職在家的董卓又再度受到起用，擔任中郎將討伐涼州地區的邊章、韓遂叛亂勢力。從以上董卓的官場歷程來看，董卓幾乎每次遭遇官場挫折後，都會回到涼州，而且一旦回到涼州，又都能重新受到起用，再次擔任重要的官職。〔註19〕這場對黃巾軍的敗仗，顯示了董卓在涼州以外的地區作戰時，似乎沒有佔上風，可能和當時指揮的部屬與士卒皆非涼州舊部有關，缺乏默契的作戰導致了這一場敗仗。但帝國無暇追究其敗戰之責，乃是因為涼州又爆發了一場大型暴動，使得董卓又被委以重任，「韓遂等起涼州，復為中郎將，西拒遂。」〔註20〕本次暴動係由涼州義從胡，北宮伯玉、李文侯自號將軍，起兵反亂的事件，義從胡們脅迫邊章、韓遂為其統領軍隊，攻打涼州諸郡縣。朝廷於是緊急征調皇甫嵩為大將，董卓為其副將前往鎮壓。然而僅管這次的敵人是董卓熟悉的涼州胡兵胡將，這次他卻沒有辦法再立下以往那樣的大功軍績，主要的原因在於同為涼州出身的將領邊章、韓遂在和雜胡軍聯合之後聲勢浩大，部眾眾多，不是幾個寇擾小縣的叛賊，一支軍隊就

〔註15〕 范曄，《後漢書》，卷七十二，〈董卓傳〉，頁2319。

〔註16〕 黎東方，《細說三國》，上冊，〈董卓〉（臺北，傳記文學出版社，1983年，）頁21，「羽林營中的軍官。」

〔註17〕 張大可，《三國史研究（蘭州，甘肅人民出版社，1988年），頁22。

〔註18〕 陳壽撰，裴松之注，《三國志》，卷六魏書六，〈董二袁劉傳第六〉，頁171。

〔註19〕 單鵬、李文才，〈從地域角度看董卓興起與失敗的原因〉，《陝西師範大學繼續教育學報》，2005年，頁51。

〔註20〕 陳壽撰，裴松之注，《三國志》，卷六魏書六，〈董二袁劉傳第六〉，頁171。

可以輕鬆平定的。〔註21〕於是帝國決意臨時調度，撤換皇甫嵩，以張溫爲主將再次出兵討伐涼州叛軍，戰役經過可見於《後漢書》與《資治通鑑》。《後漢書》〈董卓傳〉載：

> 朝廷復以司空張溫爲車騎將軍，假節，執金吾袁滂爲副。拜卓破虜將軍，與溫寇將軍周愼並統於溫。并諸郡兵步騎合十餘萬，屯美陽，以衛園陵。〔註22〕

這場戰役的過程，先是主將張溫對陣不利，獨董卓一線大破邊章、韓遂，但張溫指定部將周愼追擊，後周愼又未採納幕僚孫堅之建議，誤判敵軍主力，包圍榆中城，結果反爲邊章、韓遂切斷糧道，周愼驚恐，棄輜重而退。《資治通鑑》載：

> 張溫將諸郡兵步騎十餘萬屯美陽，邊章、韓遂亦進兵美陽，溫與戰，輒不利。十一月，董卓與右扶風鮑鴻等並兵攻章、遂，大破之，章、遂走榆中。

> 溫遣周愼將三萬人追之。參軍事孫堅說愼曰：「賊城中無穀，當外轉糧食，堅願得萬人斷其運道，將軍以大兵繼後，賊必困乏而不敢戰，走入羌中，並力討之，則涼州可定也！」愼不從，引軍圍榆中城，而章、遂分屯葵園峽，反斷愼運道，愼懼，棄車重而退。〔註23〕

榆中城在金城以東，〔註24〕周愼棄其輜重而敗退，而董卓一線深入隴西，被羌人圍困，糧食幾近斷絕，他的急智規劃了一場撤退戰，其部得以完軍退回扶風，受封斄鄉侯，〔註25〕《資治通鑑》載：

> 溫又使董卓將兵三萬討先零羌，羌、胡圍卓於望垣北，糧食乏絕，乃於所渡水中立堰以捕魚，而潛從堰下過軍。比賊追之，決水已深，不得渡，遂還屯扶風。〔註26〕

而在這次戰事中，董卓靠著自己累積多年的戰場經驗和臨機應變，被提升爲「前將軍」，與前上司皇甫嵩的「左將軍」同級，共同出陣，鎮壓日趨惡化的反亂，《後漢書》〈董卓傳〉載：

〔註21〕 杜志威，《論東漢末年的涼州諸將》，頁73。
〔註22〕 范曄，《後漢書》，卷七十二，〈董卓傳〉，頁2320。
〔註23〕 司馬光，《資治通鑑》，卷五十八，頁1881。
〔註24〕 同上註。引杜佑註：蘭州治五泉縣，漢榆中故城在今縣東。
〔註25〕 范曄，《後漢書》，卷七十二，〈董卓傳〉，頁2321。
〔註26〕 司馬光，《資治通鑑》，卷五十八，頁1881。

> 其冬，徵溫還京師，韓遂乃殺邊章及伯玉、文侯，擁兵十餘萬，進
> 圍隴西。太守李相如反，與遂連和，共殺涼州刺史耿鄙。而鄙司馬
> 扶風馬騰，亦擁兵反叛，又漢陽王國，自號「合眾將軍」，皆與韓遂
> 合。共推王國為主，悉令領其眾，寇掠三輔。五年，圍陳倉。乃拜
> 卓前將軍，與左將軍皇甫嵩擊破之。〔註27〕

靠著赫赫戰功崛起的董卓，其武人色彩與缺少士人特質，始終為群臣所側目，
有的大臣更將涼州屢屢起事歸咎於「涼州寡於學術，故屢致反暴。」〔註28〕
認為缺乏學術薰陶的涼州人，往往是暴亂的來源者。而董卓藉由戰功迅速攀
升，在士人眼中不過一個暴發戶而已，因此在朝中的大儒名士，與董卓的來
往並不熱絡。共同的地域會讓人們產生強烈的身份認同，但此認同會因地域
文化的差異、社會制度及歷史主體所處的場景而發生變化。〔註29〕《後漢書》
〈王允傳〉載：

> 董卓將校及在位者多涼州人，允議罷其軍。或說允曰：「涼州人素憚
> 袁氏而畏關東。今若一旦解兵關東，則必人人自危。可以皇甫義真
> 為將軍，就領其眾，因使留陝以安撫之，而徐與關東通謀，以觀其
> 變。」允曰：「不然。關東舉義兵者，皆吾徒耳。今若距險屯陝，雖
> 安涼州，而疑關東之心，甚不可也。」時百姓訛言，當悉誅涼州人，
> 遂轉相恐動。〔註30〕

這反映了在當時背景下涼州與關東的對立，即地域認同上的東西對立，在當
時特殊的情況下居然流為訛言，且廣為百姓流傳，說明了時人對地域觀念的
影響。

一旦涼州事稍微平緩，帝國就試圖將其解除兵權；中平五（188）年冬，
甫與皇甫嵩打敗包圍陳倉的叛軍，隔年馬上將董卓提升為少府，雖然貴為皇
帝的私人事務官，為列九卿之一，但其實政治上的作為有限，更何況行伍出
身、依戰功崛起的董卓，深知武力為其賴以生存的根本，上繳兵權，無異於
授首與人，因此他藉口涼州未平，公然抗旨，《後漢書》〈董卓傳〉載：

〔註27〕范曄，《後漢書》，卷七十二，〈董卓傳〉，頁2321。
〔註28〕范曄，《後漢書》，卷五十八，〈虞傅蓋臧列傳〉，頁1880。
〔註29〕王傳武，〈東漢黨人的地域認同研究〉，收錄於《中華文化論壇》，2009年，第
四期，頁17。
〔註30〕范曄，《後漢書》，卷六十六，〈陳王列傳〉，頁2176。

> 卓上言：「涼州擾亂，鯨鯢未滅，此臣奮發效命之秋。吏士踴躍，戀
> 恩念報，各遮臣車，辭聲懇惻，未得即路也。輒且行前將軍事，盡
> 心慰卹，効力行陣。」〔註31〕

僅只是抗命一條，就可將董卓逮捕論罪，但帝國為避免刺激董卓，使其倒向
叛軍，因此仍然試圖用政治手段解決，於是改授他為并州牧，但將兵權交與
素有嫌隙的皇甫嵩，同時也調離老巢，《三國志·魏書》〈董二袁劉傳〉：

> 六年，以卓為并州牧，又勅以吏兵屬皇甫嵩。卓復上言：「臣掌戎十
> 年，士卒大小相狎彌久，戀臣畜養之恩，樂為國家奮一旦之命，乞
> 將之州，效力邊陲。」於是駐兵河東，以觀時變。〔註32〕

董卓的第二次抗命，宣稱將領與士卒連結之深，不願分離，於是將軍隊開到
河東郡（約今日山西臨汾一帶），向對岸的公卿百官展現其軍容，其欲影響朝
政之野心昭然若揭，《後漢書》〈董卓傳〉載：

> 及帝崩，大將軍何進、司隸校尉袁紹謀誅閹宦，而太后不許，乃私
> 呼卓將兵入朝，以脅太后。卓得召，即時就道。並上書曰：「中常侍
> 張讓等竊倖承寵，濁亂海內。臣聞揚湯止沸，莫若去薪；潰癰雖痛，
> 勝於內食。昔趙鞅興晉陽之甲，以逐君側之惡人。今臣輒鳴鍾鼓如
> 洛陽，請收讓等，以清姦穢。」〔註33〕

靈帝駕崩，大將軍何進與司隸校尉袁紹圖謀消滅宦官，但是宦官掌握了禁中
的「西園軍」，這使得消滅宦官提升了不少風險，缺少軍力的二人執意要求董
卓入京，而董卓的涼州軍卻「正好」駐紮在洛陽附近，接到大將軍等的「命
令」，（值得注意的是，這個命令既非詔令也非直屬上司的命令），沒多做延誤
便開赴洛陽，並迅速的打出其政治口號，自稱效法趙簡子清君側，請收捕張
讓等宦官以清姦穢。但未到董卓進京，大將軍何進已為群宦所害，袁紹也入
宮中誅盡宦官，京師一片混亂，少帝辯倉皇離開洛陽。《後漢書》〈董卓傳〉
載：

> 卓遠見火起，引兵急進，未明到城西，聞少帝在北芒，因往奉迎。
> 帝見卓將兵卒至，恐怖涕泣。卓與言，不能辭對；與陳留王語，遂

〔註31〕陳壽撰，裴松之注，《三國志》，卷六魏書六，〈董二袁劉傳第六〉，引注《靈
帝紀》，頁172。
〔註32〕同上註。
〔註33〕范曄，《後漢書》，卷七十二，〈董卓傳〉，頁2322～2323。

　　及禍亂之事。卓以王爲賢，且爲董太后所養，卓自以與太后同族，
　　有廢立意。〔註34〕

在北芒面見少帝時，對其驚恐不能應對之舉，大爲失望，而身邊的陳留王協
卻爲董卓欣賞。假設董卓欲立魁儡皇帝，而自己於幕後操縱國政，理論上應
當擁立一個較儒弱無才的皇帝作爲橡皮圖章，但董卓卻選擇擁立「賢王」劉
協，實在是令人費解。況且擅行廢立天子，反而成了逆臣之實，朝廷之外關
東諸軍可據大義之名圍剿董卓，朝廷內許多大臣也不會與之合作。董卓廢少
帝一舉，儘管他多機智、軍事能力優越，但政治手腕似乎不甚高明。

　　可能因爲需要急赴洛陽，爲求兵貴神速，以至於董卓入京師時身邊只有
不到三千步騎而已，一旦動起武來，勝算渺茫，於是董卓臨機應變，使洛陽
的公卿百官，都以爲其涼州軍正源源不絕的開入京師，《後漢書》〈董卓傳〉
載：

　　初，卓之入也，步騎不過三千，自嫌兵少，恐不爲遠近所服，率四
　　五日輒夜潛出軍近營，明旦乃大陳旌鼓而還，以爲西兵復至，洛中
　　無知者。尋而何進及弟苗先所領部曲皆歸於卓，卓又使呂布殺執金
　　吾丁原而并其眾，卓兵士大盛。〔註35〕

董卓利用障眼法威懾了公卿百官，百姓更以爲勇猛剽悍的涼州軍爲數眾多。
受此蒙蔽，群龍無首的何進、何苗部曲歸順了董卓，董卓收何進部曲，連北
軍五校士亦在內。〔註36〕袁紹、袁術、曹操等人，紛紛逃出京師。京師另一
領兵者爲執金吾丁原。《後漢書》〈呂布傳〉載：丁原本爲并州刺史，後加騎
都尉屯駐河內，何進召丁原「將兵詣洛陽，爲執金吾。」〔註37〕丁原入京後，
遷爲執金吾，然仍領其部。董卓又離間丁原部曲，導致呂布殺丁原而吞併并
州軍，收呂布爲義子。透過一連串的蒙蔽、暗殺、攏絡、吞併，使得涼州軍
在洛陽的勢力空前強大，朝政已被其完全控制住了。

　　爲了能名正言順的進入帝國中樞，他藉故撤銷重臣職位，同時又讓自己
身兼高級大臣與宮中禁衛，進而影響朝政，《三國志》〈董卓傳〉載：

〔註34〕范曄，《後漢書》，卷七十二，〈董卓傳〉，頁2323。
〔註35〕同上註，頁2323～2324。
〔註36〕廖伯源，〈論漢末「兵爲將有」之形成〉，《中國中古史研究》，2003年，第2
　　　　期，頁22。
〔註37〕范曄，《後漢書》，卷七十五，〈呂布傳〉，頁2444。

於是以久不雨，策免司空劉弘而卓代之，俄遷太尉，假節鉞虎賁。
〔註38〕

為了向公卿百官確認自己的權威，以及自己實力的展現，董卓與其黨徒開始議論廢帝，《三國志》〈董卓傳〉載：

卓謀廢帝，會羣臣於朝堂，議曰：「大者天地，其次君臣，所以為治。今皇帝闇弱，不可以奉宗廟，為天下主。欲以依伊尹、霍光故事，立陳留王，何如？」尚書盧植曰：「案尚書太甲既立不明，伊尹放之桐宮。昌邑王立二十七日，罪過千餘，故霍光廢之。今上富於春秋，行未有失，非前事之比也。」卓怒，罷坐，欲誅植，侍中蔡邕勸之，得免。九月甲戌，卓復大會羣臣曰：「太后逼迫永樂太后，令以憂死，逆婦姑之禮，無孝順之節。天子幼質，軟弱不君。昔伊尹放太甲，霍光廢昌邑，著在典籍，僉以為善。今太后宜如太甲，皇帝宜如昌邑。陳留王仁孝，宜即尊皇祚。」〔註39〕

《三國志》又載：

遂廢帝為弘農王。尋又殺王及何太后。立靈帝少子陳留王，是為獻帝。卓遷相國，封郿侯，贊拜不名，劍履上殿，又封卓母為池陽君，置家令、丞。卓既率精兵來，適值帝室大亂，得專廢立，據有武庫甲兵，國家珍寶，威震天下。〔註40〕

一意孤行廢掉少帝辯後，證明了朝廷之上已無人能阻擋他所下的命令，但實際上，他的權威來自於駐於洛陽的涼州軍，而在政治上的盟友始終太少，為求突破這種困局，董卓開始對士人集團拉攏，威逼其他重臣與他聯名，追封士人集團在黨錮之禍的精神領袖及殉道者，《後漢書》〈董卓傳〉載：

卓遷太尉，領前將軍事，加節傳斧鉞虎賁，更封郿侯。卓乃與司徒黃琬、司空楊彪，俱帶鈇鑕詣闕上書，〔註41〕追理陳蕃、竇武及諸黨人，以從人望。於是悉復蕃等爵位，擢用子孫。〔註42〕

〔註38〕陳壽撰，裴松之注《三國志》，卷六魏書六，〈董二袁劉傳第六〉，引注《靈帝紀》，頁174。

〔註39〕陳壽撰，裴松之注，《三國志》，卷六魏書六，〈董二袁劉傳第六〉，引注《獻帝紀》，頁174。

〔註40〕同上註，頁174。

〔註41〕鈇鑕，鈇為砍刀斧頭之類的刑具，鑕為腰斬時用的砧板。見韓復智、洪進業註，《後漢書紀傳今註》，頁4064。

〔註42〕范曄，《後漢書》，卷七十二，〈董卓傳〉，頁2325。

這一舉動，表面上爲感念在黨錮之禍中，挺身對抗宦官的士人，將自己置於清流士人的陣營，藉以提高己方聲望。然而，董卓提拔受黨錮迫害人士，是否將推行其政治理念，對朝政有一番改革呢？就史料的描述，恐怕只是另有所圖而已，《後漢書》〈董卓傳〉載：

> 卓素聞天下同疾閹官誅殺忠良，及其在事，雖行無道，而猶忍性矯情，擢用群士。乃任吏部尚書漢陽周珌、侍中汝南伍瓊、尚書鄭公業、長史何顒等。以處士荀爽爲司空。其染黨錮者陳紀、韓融之徒，皆爲列卿。幽滯之士，多所顯拔。以尚書韓馥爲冀州刺史，侍中劉岱爲兗州刺史，陳留孔伷爲豫州刺史，潁川張咨爲南陽太守。卓所親愛，並不處顯職，但將校而已。〔註43〕

這些受提拔的黨錮受難者，大多被董卓外放爲地方的刺史、太守，在前文已有論述，漢末的地方勢力正處於上升期，對管轄地的行政、軍事權等，有較大的權力。而董卓集團似乎單方面的認爲，這批外放士人既然接受了董卓之薦舉，就會被視爲董卓派系的成員，但諷刺的是，這些人幾乎都是日後討董的主力，因爲董卓等人接下來的舉動，不可能爲任何一位自詡爲清流士人的所接受，《後漢書》〈董卓傳〉載：

> 是時洛中貴戚室第相望，金帛財產，家家殷積。卓縱放兵士，突其廬舍，淫略婦女，剽虜資物，謂之「搜牢」。人情崩恐，不保朝夕。及何后葬，開文陵，卓悉取藏中珍物。又姦亂公主，妻略宮人，虐刑濫罰，睚眥必死，群僚內外莫能自固。卓嘗遣軍至陽城，時人會於社下，悉令就斬之，駕其車重，載其婦女，以頭繫車轅，歌呼而還。又壞五銖錢，更鑄小錢，悉取洛陽及長安銅人、鍾虡、飛廉、銅馬之屬，以充鑄焉。故貨賤物貴，穀石數萬。又錢無輪郭文章，不便人用。〔註44〕

失控的獸行，除了對己方軍隊帶來毒品式的激勵，使得涼州軍上下因爲共犯結構而更加的團結。在京師百姓眼中，從前拚死抵抗的野蠻羌人正在大掠京師，而兩漢四百年對羌的經略，在此畫上一個尷尬的逗號。如此行徑，即便如何攏絡士人，也不會收到更大的成效。至此，東漢帝國已經來到十八路諸侯討董之前夜。

〔註43〕范曄，《後漢書》，卷七十二，〈董卓傳〉，頁2326。
〔註44〕同上註，頁2325。

　　董卓為了拉攏清流士人所提拔的地方長官，外放到地方後公然籌組聯盟討董，董卓對此感到驚愕，認為這些接受他的提拔的人，居然背叛了涼州集團，於是派兵反擊，大破關東聯軍，但董卓認為關東諸軍的結盟，對自己的包圍之勢已然形成，於是將洛陽化做一片焦土之後，將天子及朝廷遷至長安，欲以涼州為倚靠，《三國志》〈董卓傳〉載：

> 卓信任尚書周毖、城門校尉伍瓊等，用其所舉韓馥、劉岱、孔伷、張咨、張邈等出宰州郡。而馥等至官，皆合兵將以討卓。卓聞之，以為毖、瓊等通情賣己，皆斬之。河內太守王匡遣泰山兵屯河陽津，將以圖卓。卓遣疑兵若將於平陰渡者，潛遣銳眾從小平北渡，繞擊其後，大破之津北，死者略盡。卓以山東豪傑並起，恐懼不寧。初平元年二月，乃徙天子都長安。焚燒洛陽宮室，悉發掘陵墓，取寶物。〔註45〕

儘管董卓不是個合格的政治家，但是其戰略意識仍然敏銳，先佈署疑兵於渡口附近，使聯軍目光為其疑兵所牽制，再以主力突襲其後方，這一仗顯示了關東聯軍的戰力與連年作戰的涼州軍，有明顯的差距，不論是士卒素質與將領指揮能力。但關東諸軍的聲勢仍浩大，董卓選擇退到與涼州接壤的長安，可確保兵力及後援不被聯軍所劫奪。此外，涼州軍將洛陽化為一片白地的意義，為使聯軍途經此處，等同進入補給的真空地帶，一個戶口四散、無人耕種的城市，無法為聯軍達到實質上的補充。這意味著，遠道而來的聯軍將在扼守通往關中平原的數個關卡要塞之下，〔註46〕佈署、作戰等，聯軍片刻都在消耗糧食，況且關東聯軍的補給並不穩定，假設無法速戰速決攻進關中，導致軍糧供應出現問題，那麼聯軍很有可能會不戰自潰。洛陽的周圍雖然有崤山、伊闕、黃河所環繞，但地域狹小，缺乏防禦縱深和作戰的迴旋餘地，位置又在天下之中，道路四通，是為衢地，敵軍來犯甚易，〔註47〕且董卓與天下為戰，非一姓一軍而已，一旦合圍之勢達成，涼州軍則困守於不得民心，又殘破的洛陽。反觀關中，由洛陽往長安的主要幹道幾乎都為群山與層層關卡遮斷，因地勢所致，此處道路行軍不易，又難展開軍隊，唐人也認為，「路

〔註45〕陳壽撰，裴松之注，《三國志》，卷六魏書六，〈董二袁劉傳第六〉，頁175～176。

〔註46〕顧祖禹，《讀史方輿紀要》卷五十二〈陜西一〉引注《關中記》載：「東自函關，西至隴關，二關之間，謂之關中。」，頁2243。

〔註47〕宋杰，《中國古代戰爭的地理樞紐》（北京：中國社會科學出版社，2009年），頁11。

在谷中，其深如函，故以爲名。」〔註48〕若由水路進軍，則黃河在此段有不利行船的三門峽，北岸亦爲中條山橫攔，請見下方關中形勢圖所示：

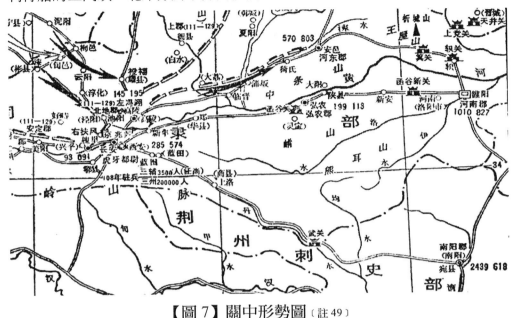

【圖7】關中形勢圖〔註49〕

　　南陽郡方面，通往關中的主要幹道亦爲武關、崤關所阻擋，這些地理優勢，彷彿就在重演據關中而雄天下故事。但董卓退回長安的原因，也有研究者認爲，董卓越往東走，跟隨他的涼州兵就越少，這說明涼州兵不願離開本土，尤其不願離開關西。所以，當董卓面臨關東諸軍的壓力時，自然會選擇遷都長安的方案。〔註50〕董卓強迫漢獻帝及公卿西行，洛陽數以萬計平民被迫隨同西遷，加以飢寒交迫，路倒無數，時人稱之「董卓無道，甚于桀紂」。〔註51〕

　　初平元（190）年關東諸州郡聯合，成立討董聯軍。推勃海太守袁紹爲盟主。袁紹與河內太守王匡屯於河內。冀州牧韓馥留鄴，供應軍糧。豫州刺史孔伷屯潁川，兗州刺史劉岱、陳留太守張邈、廣陵太守張超、東郡太守橋瑁、

〔註48〕李吉甫，《元和郡縣志》，卷六《河南道二》，引《西征紀》（北京：中華書局，1993年），頁158。
〔註49〕史念海，《河山集》，第四冊（西安：陝西師範大學出版社，1991年），頁39。
〔註50〕陳勇，〈董卓進京述論〉，《中國史研究》，1995年第4期，頁116。
〔註51〕袁宏撰，周天游校注，《後漢紀》，卷二十七，〈獻帝紀〉（天津：天津古籍出版社，1987年），頁755。

山陽太守袁遺、濟北相鮑信及曹操均屯酸棗。後將軍袁術屯魯陽。〔註52〕聯軍總兵力多達十餘萬，一時聲勢浩大，董卓見關東軍已威脅到洛陽，而白波谷又有十多萬黃巾餘部再度叛亂，〔註53〕連涼州軍都不能制，河東遂殘破，於是董卓決定挾漢獻帝由洛陽遷往長安。

【表7】關東聯軍成員示意表〔註54〕

成　　員	時　　　　任
袁紹（聯軍盟主）	車騎將軍領渤海太守
王匡	河內太守
袁遺	山陽太守
袁術	後將軍領南陽太守
劉岱	兗州刺史
張邈	陳留太守
張超	廣陵太守
孔伷	豫州刺史
韓馥	冀州牧
曹操	行奮武將軍、驍騎校尉
鮑信	行破虜將軍、騎都尉
孫堅	行破虜將軍

董卓在洛陽的暴行，與目無朝廷的行為早已廣為天下所知，本應是一股作氣打垮董卓的良機，但關東聯軍始終躊躇不前，盟主袁紹，無心協調諸軍、佈署作戰計畫，給董卓有效的打擊，而是忙於爭奪地盤，擴充實力。如袁紹強迫友軍韓馥放棄冀州，使自己兼領冀州牧，最後韓馥在驚懼中自殺。關東聯軍中的有志之士，見袁紹此舉自是多出一分擔憂，如當年在聯軍中的曹操，見到諸軍不願與涼州軍對陣，唯恐自身實力受到損害，故積極主張聯軍應該有所行動，但諸軍既害怕涼州軍兵強馬壯，又另有所圖，因而不予理會。曹

〔註52〕馬植杰，《三國史》（北京：人民出版社，1993年），頁15。
〔註53〕范曄，《後漢書》，卷七十二，〈董卓傳〉，頁2327。
〔註54〕黃仲文，《三國戰爭史略》，〈討伐董卓之戰盟軍指揮系統表〉（臺北：信明出版社，1979年），頁4。

操只好獨自引兵西進，打算占領成皋（今河南滎陽市）。諸軍對他的進軍卻冷眼旁觀，不予支援，曹操軍在滎陽西南汴水，遇到涼州軍徐榮，雙方在滎陽交戰，曹操麾下多是招募而來的新兵，既少又缺乏經驗，自然不是久經戰陣的涼州軍的對手，此役過後，曹操戰敗退回酸棗（今河南延津縣）。此時的袁盟主依舊「置酒高會，不圖進取」，〔註55〕曹操指責眾人不願同心同力打敗董卓，然後向袁紹提出作戰計畫，《資治通鑑》卷59載：

> 諸君能聽吾計，使勃海引河內之眾臨孟津，酸棗諸將守成皋，據敖倉，塞轘轅、太谷，全制其險，使袁將軍率南陽之軍軍丹、析，入武關，以震三輔，皆高壘深壁，勿與戰，益為疑兵，示天下形勢，以順誅逆，可立定也。今兵以義動，持疑不進，失天下望，竊為諸君恥之！〔註56〕

曹操的計畫以本部駐於糧倉成皋，阻塞轘轅、太谷等要道以防突襲，以河內軍前進至洛陽北岸的孟津渡，吸引敵軍注意力，再由南陽方面以袁家率軍由武關突入關中，威懾董卓。然而這項計畫也無人響應，諸將依舊故我，於是曹操失望地離開聯軍，自行到揚州募兵。

但聯軍中也有取得斬獲的將領，如中平二（185）年，在征邊章、韓遂之戰中，孫堅就已判斷董卓驕橫無比、目無上司，請求主將張溫將其處死，此時他也在聯軍之中，從屬於袁術麾下。孫堅自長沙會盟而來，並以魯陽（今河南魯山縣）為據點，向洛陽進發，但為涼州軍徐榮、李蒙部所敗，孫堅殘部為涼州軍慘忍處死，同時聯軍成員——河內太守王匡駐軍於河陽津，為涼州軍所大敗，孫堅收拾殘兵，推進到陽人（今河南汝州市），董卓命胡軫、呂布，攻擊孫堅。但因「布與軫不相能，軍中自驚恐，士卒散亂。堅追擊之，軫、布敗走。」〔註57〕由於胡軫與呂布素不和睦，致使孫堅大獲全勝，大將華雄戰死。董卓對孫堅的善戰非常欣賞，想以婚姻關係加以籠絡，孫堅拒絕，且趁勝追擊一路推進到洛陽，董卓本部大敗，狼狽逃到長安，分派嫡系部隊董越屯兵澠池，中郎將段煨駐守華陰，中郎將牛輔駐防安邑，拱衛三輔。〔註58〕其中安邑、澠池皆在三門峽北岸，位於高地又可互相支援，華陰位於通往

〔註55〕司馬光，《資治通鑑》，卷五十九，頁1914。
〔註56〕同上註，頁1914～1915。
〔註57〕范曄，《後漢書》，卷七十二，〈董卓傳〉，頁2327。
〔註58〕施文雅，《東漢末軍閥割據之研究》（嘉義：嘉義大學史地學系碩士論文，2007年），頁48。

長安的必經之路，華陰一失，則長安外圍屏障為對方所有，從董卓之佈署可
以看出其決意以三輔地區長期作戰之意。同時也給予孫堅優於關東諸將的評
價，《後漢書》〈董卓傳〉載與長史劉艾的對話：

> 「關東諸將數敗矣，無能為也。唯孫堅小戇，諸將同宜慎之。」乃
> 使東中郎將董越屯黽池，中郎將段煨屯華陰，中郎將牛輔屯安邑，
> 其餘中郎將、校尉布在諸縣，以禦山東。」〔註59〕

董卓在關中外圍佈防，顯示他希望以三輔地區的防線長期作戰，並留給聯軍
一片焦土，在洛陽的孫堅只得將東漢皇陵清理祭祀一番，退回魯陽。董卓在
退回關中之後，將天子與公卿百官牢牢地掌握在手中，行事更是毫無顧忌、
恣意妄為，但就在他將防務佈署完畢，準備高枕無憂之際，涼州軍的領袖——
——董卓被暗殺了，《後漢書》〈董卓傳〉載：

> 三年四月，帝疾新愈，大會未央殿。卓朝服升車，既而馬驚墮泥，
> 還入更衣。其少妻止之，卓不從，遂行。乃陳兵夾道，自壘及宮，
> 左步右騎，屯衛周圍，令呂布等扞衛前後。王允乃與士孫瑞密表其
> 事，使瑞自書詔以授布，令騎都尉李肅與布同心勇士十餘人，偽著
> 衛士服於北掖門內以待卓。卓將至，馬驚不行，怪懼欲還。呂布勸
> 令進，遂入門。肅以戟刺之，卓衷甲不入，傷臂墮車，顧大呼曰：「呂
> 布何在？」布曰：「有詔討賊臣。」卓大罵曰：「庸狗敢如是邪！」
> 布應聲持矛刺卓，趣兵斬之。〔註60〕

由於董卓被并州籍為首的呂布暗殺，董卓的部下李傕、郭汜遷怒於并州人，
並屠殺在軍中的并州人士，「男女數百人，皆誅殺之。」〔註61〕董卓的暴起
暴亡，不過數年而已，世人也許還記得那個隴西勇士，那個出色的將領，但
最後他流傳後世的形象卻是一個暴虐無道的獨裁者。董卓突然被暗殺後，依
附於他的親族與部曲、將領又是如何的際遇呢？《後漢書》〈董卓傳〉載：

> 使皇甫嵩攻卓弟旻於郿塢，殺其母妻男女，盡滅其族。

老冤家皇甫嵩攻進董氏一族的根據地，將董卓親族不論男女誅殺殆盡。至此，
董卓家族的影響力直線下降，在日後的歷史進程中不再佔有影響力。反觀董
卓作為涼州軍的首領，他的死，僅只是董卓與其一族之覆亡，其部將實力仍

〔註59〕范曄，《後漢書》，卷七十二，〈董卓傳〉，頁2328。
〔註60〕同上註，頁2331。
〔註61〕同上註，頁2333。

然存在，其餘波依舊影響著整個西北情勢。董氏一族雖然敗亡，但實力尚算完整的有他的女婿牛輔屯兵在安邑（今山西夏縣）。同時身為董卓的部將李傕、郭汜、張濟等人也都還手握重兵依附於牛輔，一時之間群龍無首，反而更因此而自相殘殺。身為董卓女婿，同時也是涼州軍僅次於董卓的高級將領——牛輔，為心腹部下見財起意殺害，涼州軍的指揮層接二連三的死亡，使得較為平級的將領們手足無措，紛紛有投降的意圖，《三國志》〈董卓傳〉載：

> 輔營兵有夜叛出者，營中驚，輔以為皆叛，乃取金寶，獨與素所厚友胡赤兒等五六人相隨，踰城北渡河，赤兒等利其金寶，斬首送長安。比傕等還，輔已敗，眾無所依，欲各散歸。既無赦書，而聞長安中欲盡誅涼州人，憂恐不知所為。〔註62〕

在此時長安城內，有流言傳出說要殺光所有的涼州軍將領，李傕等將領上書請求王允赦免，但王允以「一歲不可再赦，不許之」，〔註63〕老成謀國的王允在緊要關頭拒絕安撫涼州諸將。倉皇之間，李傕、郭汜等涼州諸將，本欲逃回涼州，但聽從了武威人賈詡的建議，聯合對長安進行反撲，重新將天子與公卿百官抓回手中。本來有機會安撫這些涼州將領，使軍變降到最小的傷害，不久之後，反使長安成為涼州軍內鬨的戰場，《後漢書》〈董卓傳〉載：

> 武威人賈詡時在傕軍，說之曰：「聞長安中議欲盡誅涼州人，諸君若棄軍單行，則一亭長能束君矣。不如相率而西，以攻長安，為董公報仇。事濟，奉國家以正天下；若其不合，走未後也。」傕等然之，各相謂曰：「京師不赦我，我當以死決之。若攻長安剋，則得天下矣；不剋，則鈔三輔婦女財物，西歸鄉里，尚可延命。」眾以為然，於是共結盟，率軍數千，晨夜西行。王允聞之，乃遣卓故將胡軫、徐榮擊之於新豐。榮戰死，軫以眾降。傕隨道收兵，比至長安，已十餘萬，與卓故部曲樊稠、李蒙等合，圍長安。〔註64〕

王允得報後，遣卓之故將胡軫、徐榮於新豐出擊李傕等人，結果徐榮戰死，胡軫部投降。李傕收兵至長安時，兵約十餘萬。與董卓舊部曲樊稠、李蒙等合。〔註65〕董卓的勢力是以涼州軍旅為骨幹。董卓死後其部將李傕、郭汜、

〔註62〕陳壽撰，裴松之注，《三國志》，卷六魏書六，〈董二袁劉傳第六〉，頁181。
〔註63〕范曄，《後漢書》，卷七十二，〈董卓傳〉，頁2333。
〔註64〕同上註，頁2333。
〔註65〕呂思勉，《秦漢史》（上海：上海古籍出版社，2005年），頁315。

樊稠、張濟等，橫行於洛陽長安一帶，與董卓扮演同一類型的角色。這個集團在涼州一帶有其社會基礎，及駐軍兩京，猶如無根之花，憑其赤裸武力，威震域內，十足軍閥典型。〔註66〕

這些追隨董卓一同起事的涼州人，因董卓而顯貴，皆被提拔為領軍將領，卻也因董卓之死而險些被清算。然而就在他們即將崩散之際，意識到同為涼州將領，彼此是唇亡齒寒的關聯，且手下仍有戰力，因此團結起來倒打一耙，竟然攻下長安，延續對朝廷的掌握。

在長安復為涼州軍所據後，諸將顯的十分樂觀，以至於每個人都想成為涼州軍的首領，把權力牢牢緊握在自己的手中，李傕等人把持朝政，首先便是將自己加官封爵，《後漢書》〈董卓傳〉載：

> 傕又遷車騎將軍，開府，領司隸校尉，假節。汜後將軍，稠右將軍，張濟為鎮東將軍，並封列侯。傕、汜、稠共秉朝政。濟出屯弘農。
> 〔註67〕

由官位分配來看，似乎是以李傕部實力最大，既兼任車騎將軍與司隸校尉，同時又有開府權限，反觀張濟，表面上被排擠出長安，屯兵於弘農前線，這一時之間也避開了自相殘殺。於是長安城內，諸將開始爭權奪利、相互傾軋，陷入分裂的危機，首當其衝的便是李傕、樊稠、郭汜，三個人互不服從，在長安內劃出自己的勢力範圍。《後漢書》〈董卓傳〉載：

> 時長安中盜賊不禁，白日虜掠，傕、汜、稠乃參分城內，各備其界，猶不能制，而其子弟縱橫，侵暴百姓。是時穀一斛五十萬，豆麥二十萬，人相食啖，白骨委積，臭穢滿路。〔註68〕

諸將崛起於行伍，寡於學術，既無政治理念，攻下長安後並無維護治安，只會爭權奪利，毫無施政成果，同時相互猜忌殘殺。結束短暫的互助發展後，就開始走向你死我活的內鬥中。在諸將內鬥的同時，長安城內的物價更是一路狂飆，以至於買不起糧食的平民，竟然開始食人，屍體與白骨在街道上隨處可見，這段時間長安宛如人間地獄。獻帝初被挾持至長安時，三輔地區尚有戶口十餘萬，但「自傕汜相攻，天子東歸後，長安空四十餘日，強者四散，

〔註66〕毛漢光，〈三國政權的社會基礎〉，《中國中古社會史論》（臺北：聯經出版社，1988年），頁109。

〔註67〕范曄，《後漢書》，卷七十二，〈董卓傳〉，頁2334。

〔註68〕同上註，頁2336。

贏者相食，二三年閒，關中無復人跡。」〔註69〕這是由底層平民的角度觀察，平民爲兵災和糧食所迫，生死流離於荒野之間；而在上層，這些涼州將領，將長安內可掠奪的物資掠奪殆盡，比起董卓，更不把天子和公卿百官放在眼裡，藉由武力恣意妄爲。於是在董卓將京師洛陽化爲一片白地後，這些涼州軍將領也把西京長安破壞的一蹋糊塗。《後漢書》〈董卓傳〉載：

> 兵入殿，掠宮人什物，催又徙御府金帛乘輿器服，而放火燒宮殿官
> 府居人悉盡。帝使楊彪與司空張喜等十餘人和催、汜，汜不從，遂
> 質留公卿。〔註70〕

畢竟獻帝仍然是漢帝國政治上最高的象徵，使得幾方人馬都在搶奪獻帝，李催和楊奉挾持獻帝，郭汜、楊定挾持公卿，同爲涼州軍的兩方人馬，展開慘烈的內鬥。原先李催的實力較強，自認能將郭汜部一口吞掉，因此拒絕和談，直到李催陣營的內部有了分裂，獻帝才爲李催放回。《三國志》〈董卓傳〉載：

> 催將楊奉與催軍吏宋果等謀殺催，事泄，遂將兵叛催。催眾叛，稍
> 衰弱。張濟自陝和解之，天子乃得出。〔註71〕

董卓初遷至關中時，曾邀約涼州的韓遂、馬騰等人爲援，但當韓遂與馬騰從隴右抵達長安時，董卓已被刺殺，此時李催、郭汜等人爲了安撫及討好韓遂、馬騰，因此策封他們爲鎮西將軍及征西將軍，分別駐守金城（今甘肅省蘭州市一帶）、郿城（今陝西省寶雞市眉縣）。興平元年（194）二月，馬騰有私事求於李催，但遭到拒絕，馬騰因此憤而進攻李催，韓遂率眾前來支援馬騰，劉焉的兒子劉範等人也於長安城內呼應，但韓遂、馬騰仍被擊敗，撤返涼州，劉範等人因事泄被殺。之後李催、郭汜因相互猜忌，而彼此攻伐數月。不久，李催的部將楊奉和宋果欲謀殺李催，但計畫敗露，楊奉帶領自己的兵馬逃走。〔註72〕《三國志》卷六〈董卓傳〉載：

> 郭汜復欲脅天子還都郿。天子奔奉營，奉擊汜破之。汜走南山，奉
> 及將軍董承以天子還洛陽。催、汜悔遣天子，復相與和，追及天子
> 於弘農之曹陽。奉急招河東故白波帥韓暹、胡才、李樂等合，與催、
> 汜大戰。奉兵敗，催等縱兵殺公卿百官，略宮人入弘農。天子走陝，

〔註69〕范曄，《後漢書》，卷七十二，〈董卓傳〉，頁2341。
〔註70〕同上註，頁2337。
〔註71〕陳壽撰，裴松之注，《三國志》，卷六魏書六，〈董二袁劉傳第六〉，頁185。
〔註72〕馬植杰，《三國史》，頁24。

> 北渡河，失輜重，步行，唯皇后貴人從，至大陽，止人家屋中。奉、
> 暹等遂以天子都安邑。〔註73〕

李傕失去楊奉的部隊後，軍力受損。此時駐紮在弘農（今河南省西部）的張濟前來長安調解，使獻帝得以藉此逃出長安。獻帝匆忙來到新豐（今陝西省西安市灞橋區）、霸陵（今灞橋區）間。郭汜見狀，便想挾持獻帝到郿城，獻帝至楊奉營中避難，楊奉擊敗郭汜。之後，楊奉和將軍董承保護獻帝及文武百官還都洛陽。此時李傕、郭汜皆後悔放獻帝走，於是聯合起來集兵追擊楊奉。楊奉見李、郭人多勢眾，料難抵擋，便急向河東的白波軍求援。白波軍將領韓暹、胡才、李樂等趕來救援。〔註74〕

　　先前勢同水火的李傕和郭汜，在張濟從中調解後，又重回同一陣線上，而帶著天子東行的董承等人與郭汜徹底決裂，途經華陰時，負責招待的是寧輯將軍段煨，但「楊定與煨有隙，遂誣煨欲反，乃攻其營，」〔註75〕。段煨是出身武威的涼州將領，在涼州軍的內鬥中，大多保持中立低調，本人也對天子及公卿百官保持一定尊重，是少數得以善終的涼州軍成員。就在段煨與楊定等人相持不下之際，早就想奪回天子的李傕出手干預，《後漢書》〈董卓傳〉載：

> 李傕、郭汜既悔令天子東，乃來救段煨，因欲劫帝而西，楊定為汜
> 所遮，亡奔荊州。而張濟與楊奉、董承不相平，乃反合傕、汜，共
> 追乘輿，大戰於弘農東澗。承、奉軍敗，百官士卒死者不可勝數，
> 皆棄其婦女輜重，御物符策典籍，略無所遺。〔註76〕

這一仗讓楊定、楊奉、董承等自身受創嚴重，但是李傕、郭汜也沒追到獻帝，最後楊奉、董承等人向河東白波賊和南匈奴為求援，將李傕、郭汜打的大敗，使獻帝還都洛陽。獻帝回到洛陽後，楊奉、董承共掌朝政，又派太僕韓融前往弘農與李傕、郭汜談判，要回了一些宮人和官員及車馬。不久蝗災肆虐，又大旱不雨，農田沒有收成。朝廷在安邑沒有糧食，不但眾臣沒有飯吃，軍隊也斷糧餉，士兵們開始騷動。無奈之餘楊奉、韓暹、董承只能送獻帝到洛陽。路上，遇到晉陽侯張楊攜帶糧食迎接，獻帝為了表示感激，便拜他為大司馬。〔註77〕

〔註73〕陳壽撰，裴松之注，《三國志》，卷六魏書六，〈董二袁劉傳第六〉，頁185。
〔註74〕李劭恩，《諸葛亮隆中戰略研究》（嘉義：嘉義大學史地學系碩士論文，2014年），頁83。
〔註75〕范曄，《後漢書》，卷七十二，〈董卓傳〉，頁2338～2339。
〔註76〕同上註，頁2339。
〔註77〕馬植杰，《三國史》，頁25。

漢獻帝舉朝廷還都洛陽以後，宮殿早已被燒成廢墟，街道長滿了荒草。他們既無糧也無房，只有斬荊棘荒草，在斷壁殘牆或土丘上歇息。此時各州郡的郡守皆擁兵自重，沒有前來洛陽援助獻帝。隨著糧食漸少，比較下層的官員們只能在郊外尋些野果填腹，也不斷有人餓死在斷牆殘垣間。〔註 78〕得知獻帝與小朝廷正在顛沛流離，已在許昌站穩腳跟的曹操，立即將天子迎至許昌，暫作行都。而原先挾持獻帝的將領，來到許昌之後與曹操多有摩擦，如楊奉不願意受朝廷節制，自行引兵離開，日後為劉備所誘殺；董承則意圖謀殺曹操，事敗被殺。涼州軍的末路，當從建安二（197）年開始，行朝下詔以段煨統領關中諸將兵馬，打敗李傕，夷其三族，郭汜則於眉縣被部將伍習刺殺，張濟部因為軍中缺糧，率軍至南陽郡一帶劫掠，意外中流箭而死。

董卓暴亡後，原先惶恐不能自度的眾將，為賈詡點破之後，能夠團結在涼州軍的集體利益下反攻長安。重新取得關中勢力後，開始又為涼州軍的領袖之位，展開殘酷的內鬥，為了軍資需要或個人貪慾，將自己治下的城市放肆掠奪，同時漠視平民生存，也無施政之心，可以說是一支強盜軍隊。然而就在他們激烈的內鬥中，自身實力早已疲憊不堪，又讓天子與朝廷從手中離開，於是既無民心、又乏戰力、聲望極差的涼州軍，由小皇帝頒下的一書討伐詔令，就被段煨所消滅，曾經風雲一時的涼州軍，未能成就一番事業，最後成為東漢末年至三國形成前的一股亂流。

第三節　涼州軍團的構成

王希恩在〈漢末涼州軍閥集團簡論〉中，給以董卓為首的軍閥下了定義：他認為涼州軍閥集團的骨幹均為涼州籍，有明顯的地方性，又都由董卓所網織，自成一系，又與羌胡有著密切的聯繫。羌胡帶來涼州軍閥集團崛起的同時，還在兩個方面帶來了突出影響：一方面暫時緩解了西北地區的民族矛盾，另一方面又增加了涼州軍閥集團的野蠻度。〔註 79〕董卓所倚仗的涼州軍，主要都隸屬于董卓，都可視為董卓的私人武裝力量，而且他們大都是涼州籍，在地域上也存在共同性。

〔註 78〕李劭恩，《諸葛亮隆中戰略研究》，頁 84。
〔註 79〕王希恩，〈漢末涼州軍閥集團簡論〉，收錄於《甘肅社會科學》，1991 年，第二期，頁 71。

關於董卓部曲的定義，方詩銘認為以董卓本人為統帥，並以李催、郭汜等人為將領，下面是涼州的漢族和非漢族士卒，並以羌胡為主的精兵，從而組成了富於戰鬥力的涼州軍事集團，〔註80〕陳勇則直接稱呼為「董卓集團」〔註81〕。而王北固提出了以時空來區別涼州軍團。即漢魏之際涼州地區的軍事集團，以東漢靈帝中平六（189）年到東漢獻帝建安二十四（219）年，劉備自立為漢中王這段時期分為四個階段：一、董卓；二、李催、郭汜、樊稠；三、張繡，四、馬騰、韓遂。前兩個階段為涼州軍團對東漢帝國的破壞，後兩個階段是涼州軍團的戰力為其他大軍閥所用，而成就其霸業。〔註82〕

然而，諸學者所認定的「涼州軍事集團」，雖略有不同，但是究竟是什麼樣的因素為紐帶，將這批涼州將領聚攏在一起。例如籍貫、血緣以及認同感，是支撐涼州軍團的重要屬性，集團之間的相互依附關係也是其中的一項。

（一）籍貫

鄉土與人的關係，一直是東亞由古至今的重要連結，因此生活在同一地域的人，容易產生對地域認同感，更況地處邊鄙的涼州。如董卓本是羌胡化了的涼州武人，以鎮羌亂而得以坐大，是以他的部隊裡多「湟中義從」及胡羌武士，麾下將校及更多涼州人。且董卓少嘗遊羌中，與羌中豪帥多有聯系等等。〔註83〕前文已敘述過期獨特的歷史地理環境，在這塊土地所孕育的人才，更是如此。董卓麾下的將領，很大的比例都是涼州籍貫，見下表所示：

【表8】涼州軍團主要成員籍貫表〔註84〕

籍貫 姓名	涼州	其他	不詳
董卓	臨洮		
牛輔			不詳
李催	北地		

〔註80〕 方詩銘，〈董卓對東漢政權的控制及其失敗〉，《史林》，1992 年，第 2 期。
〔註81〕 陳勇，〈董卓進京述論〉，《中國史研究》，1995 年，第 4 期。
〔註82〕 王北固，〈涼州兵團在三國史上的特殊地位——從馬超助劉備取蜀說起〉，收錄於《開封大學學報》，2000 年，第三期。
〔註83〕 趙立民，《漢魏晉的武人研究》，頁 36。
〔註84〕 簡表參考自《三國志》，《後漢書》。

籍貫 姓名	涼　州	其　他	不　詳
郭汜	張掖		
段煨	武威		
樊稠	涼州人		
賈詡	武威		
張濟	武威		
李蒙	可能爲涼州人		
楊定	胡文才、楊整脩皆涼州人〔註85〕		
胡軫	胡文才、楊整脩皆涼州人		
徐榮		遼東	
董越			不詳
董承		河間	

　　董卓以外的成員，十二位中有八位確定爲涼州籍貫，兩位其他州郡，可見涼州軍團成員有濃厚的地域關係，根據《後漢書》、《三國志》記載，有：

　　牛輔，據《後漢書》卷七十二〈董卓傳〉記載：「卓以牛輔子婿，素所親信。」，〔註86〕於董卓被暗殺後，亦爲親信所害。籍貫不詳，考慮到董卓也曾試圖以和親手段拉攏孫堅，以此爲例，牛輔也有非涼州人的可能。

　　李傕，《後漢書》卷七十二〈董卓傳〉注引《英雄記》說：「傕，北地人。」〔註87〕北地郡在西漢時爲并州，東漢時屬於涼州。《三國志》卷六〈董卓傳〉注引《獻帝起居注》說：「傕，邊鄙之人，習于夷風。」〔註88〕對其深知胡人風俗，似有鄙視之意，在董卓死後與郭汜爭奪涼州軍團首領之位。

　　郭汜，《三國志》卷六〈董卓傳〉注引《英雄記》說：「汜，張掖人，一名多。」〔註89〕涼州張掖人，少時曾經盜馬爲業，〔註90〕爲董卓提拔後，逐漸成爲涼州軍的主要大將，在董卓死後，與李傕火併，兩敗俱傷，後爲部下

〔註85〕范曄，《後漢書》，卷七十二，〈董卓傳〉，頁2334。
〔註86〕同上註，頁2332。
〔註87〕同上註，頁2333。
〔註88〕陳壽撰，裴松之注，《三國志》，卷六魏書六，〈董二袁劉傳第六〉，頁184。
〔註89〕同上註。
〔註90〕同上註，頁185。

所刺。

段煨，涼州武威人，出身望族，可能與段熲同爲段會宗後裔，賈詡年少時遇賊人所執，自稱段熲外孫，賊懼乃放還，可見段氏在涼州爲大族，據《三國志》卷十〈賈詡傳〉載：「是時將軍段煨屯華陰，與詡同郡。」〔註91〕而賈詡是武威姑臧人，與詡同郡，則段煨可以確定來自武威，是賈詡的小同鄉。

樊稠，據《三國志》卷六〈董卓傳〉注引《九州春秋》記載，韓遂曾與被派往鎮壓之樊稠示好：「與足下州里人，今雖小違，要當大同，欲相與善語以別。」，〔註92〕私語的同時，爲李傕之姪李利所通報，李傕疑其心有二意，乃殺之。韓遂以同鄉之誼拉近關係，可見樊稠也是涼州人士。

張濟，據《三國志》卷八〈張繡傳〉記載是「武威祖厲人」，〔註93〕爲牛輔部下，曾調停郭李之間的火併，三人聯合試圖奪回獻帝但未果，隨後外出劫掠時中流矢而亡。

賈詡，據《三國志》卷十〈賈詡傳〉載：「武威姑臧人也」，〔註94〕少時並不出名，爲董卓所提拔爲校尉進入涼州軍，以計謀見長。隨著涼州軍敗亡，投入曹營，歷仕二主後以高齡七十七善終。

李蒙，據《後漢書》卷七十二〈董卓傳〉載：李傕即將反攻長安之際「與卓故部曲樊稠、李蒙等合」，〔註95〕包圍長安。既然是董卓的老部曲，也很有可能是爲董卓提拔的涼州豪傑。

楊定，據《後漢書》，卷七十二，〈董卓傳〉，注引《九州春秋》載：「胡文才、楊整脩皆涼州人」，〔註96〕楊定字整脩，確定爲涼州籍人士。

胡軫，據《後漢書》，卷七十二，〈董卓傳〉，注引《九州春秋》載：「胡文才、楊整脩皆涼州人」，〔註97〕胡軫字文才，與楊定同爲涼州人。

徐榮，據《三國志》卷八〈公孫度傳〉載：「同郡徐榮爲董卓中郎將」，〔註98〕按公孫氏乃遼東大族，則徐榮與公孫度同郡，是爲幽燕豪傑。

〔註91〕陳壽撰，裴松之注，《三國志》，卷十，〈賈詡傳〉，頁327。
〔註92〕陳壽撰，裴松之注，《三國志》，卷六魏書六，〈董二袁劉傳第六〉，頁183。
〔註93〕陳壽撰，裴松之注，《三國志》，卷八，〈張繡傳〉，頁262。
〔註94〕陳壽撰，裴松之注，《三國志》，卷十，〈賈詡傳〉，頁326。
〔註95〕范曄，《後漢書》，卷七十二，〈董卓傳〉，頁2333。
〔註96〕范曄，《後漢書》，卷七十二，〈董卓傳〉，引注《九州春秋》，頁2334。
〔註97〕同上註。
〔註98〕陳壽撰，裴松之注，《三國志》，卷八，〈公孫度傳〉，頁252。

董越，籍貫不詳，據《後漢書》，卷七十二，〈董卓傳〉載，「使東中郎將董越屯黽池，中郎將段煨屯華陰，中郎將牛輔屯安邑，其餘中郎將、校尉布在諸縣，以禦山東。」替董卓把守軍事要地，且又握有重兵，如果是董卓所提拔的涼州將領，似乎也頗合邏輯。

董承，籍貫不詳，但據《三國志》，卷三十二〈先主傳〉裴松之注曰：「董承，漢靈帝母董太后之姪，於獻帝為丈人。蓋古無丈人之名，故謂之舅也。」〔註99〕又《後漢書》，卷七十二，〈董卓傳〉，注引蜀志曰：「承，獻帝舅也。」〔註100〕裴松之注曰：「承，靈帝母太后之姪」。〔註101〕靈帝之母董太后，為河間郡人，「孝仁董皇后諱某，河間人。」〔註102〕她為太后二十二年，有賣官鬻爵、搜刮金錢等干政行為，董承作為外戚子弟，亦有可能為之庇蔭，在河間生長教養。

以上十三位將領中，涼州籍就佔了九位，可見涼州軍團的核心，是以涼州人將領各領其部，統一歸屬於董卓之下，底層是涼州的漢人和非漢人，多以羌胡為主的士卒。上至涼州軍的首領、中間的領軍將領，再到基層的士卒，都出身於涼州，在共同的利益之下，可以說是上下一心，無怪乎時人多稱之為精兵。

（二）血緣關係

除了共同利益之外，更讓人信賴的就是血緣關係。外部的共同利益可以把這些將領聚集在一起，例如高官爵位、金銀財帛等等，一旦外部利益喪失之後，這些人是否還能保持原有的態度，頗令人質疑；而內部的血緣關係，則是彼此為手足親緣，有一榮俱榮、一損俱損之制約，在危及大位之前，都是可以信賴的盟友。但董卓在血緣關係這塊先天不足，近支家族加入涼州軍團的只有董旻、董璜二人，女婿牛輔，擬血緣將領呂布而已。據《三國志》，〈董卓列傳〉注引《英雄記》載：

> 卓父君雅，由微官為潁川綸氏尉。有三子：長子擢，字孟高，早卒；
> 次即卓；卓弟旻字叔穎。〔註103〕

董卓之兄早卒，有一子董璜，兄弟僅有旻活至成年。董旻在洛陽為官，在何

〔註99〕陳壽撰，裴松之注，《三國志》，卷三十二，〈先主傳〉，頁875。
〔註100〕范曄，《後漢書》，卷七十二，〈董卓傳〉，頁2339。
〔註101〕同上註。
〔註102〕范曄，《後漢書》，卷十下，〈皇后紀〉，頁446。
〔註103〕陳壽撰，裴松之注，《三國志》，卷六魏書六，〈董二袁劉傳第六〉，頁171。

進為群宦所害，京師大亂之際，聯合何進舊部，攻殺何苗，《後漢書》，卷七十二，〈董卓傳〉載：

> 苗、紹乃引兵屯朱雀闕下，捕得趙忠等，斬之。吳匡等素怨苗不與進同心，而又疑其與宦官同謀，乃令軍中曰：「殺大將軍者即車騎也，士吏能為報讎乎？」進素有仁恩，士卒皆流涕曰：「願致死！」匡遂引兵與董卓弟奉車都尉旻攻殺苗，棄其屍於苑中。〔註104〕

對於董卓吞併何進兄弟之部曲，董旻也有一定功勞。但董卓本人的子嗣在入洛以前沒有記載，直到完全掌握朝廷，使親人位列高官厚爵後，才出現紀錄，《三國志》，〈董卓傳〉注引〈英雄記〉載：

> 英雄記曰：卓侍妾懷抱中子，皆封侯，弄以金紫。孫女名白，時尚未笄，封為渭陽君。於郿城東起壇，從廣二丈餘，高五六尺，使白乘軒金華青蓋車，都尉、中郎將、刺史二千石在郿者，各令乘軒簪筆，為白導從，之壇上，使兄子璜為使者授印綬。〔註105〕

此處關於董卓子嗣的記載，尚在襁褓之中「皆封侯」，可見數量不在少數。董氏族人大肆授爵的事件，在初平元（190）年二月強迫遷都以後，那麼這幾個董卓子嗣，很有可能是在洛陽所生的。引文中尚有提及孫女董白，可能為董卓某個早逝的兒子的後代，抑或是董卓孫女輩的族人。但無論如何，襁褓中的嬰兒與少女對於涼州軍沒有直接的助益，因此族人之中只有董旻與董璜，能夠為其效力，《後漢書》，卷七十二，〈董卓傳〉載：

> 以弟旻為左將軍，封鄠侯，兄子璜為侍中、中軍校尉，皆典兵事。
> 〔註106〕

董卓授予親人的官職，固然顯赫，但更重要的是都掌兵權，培植自家武力。此外，董卓似乎對姪子董璜頗為期待，委以重任待其建功立業，刻意加董璜為侍中，得以正當出入禁宮內外，〔註107〕又使其領中軍校尉，成為西園軍重要一員。這樣的安排，使董卓在禁中公然佈下眼線，但董璜的能力有限，否則董卓被暗殺應該不會如此順利。董卓的見於史料的兩位親人，在進入長安

〔註104〕范曄，《後漢書》，卷六十九，〈竇何列傳〉，頁2252。
〔註105〕陳壽撰，裴松之注，《三國志》，卷六魏書六，〈董二袁劉傳第六〉，引注〈英雄記〉，頁178。
〔註106〕范曄，《後漢書》，卷七十二，〈董卓傳〉，頁2329。
〔註107〕魏麗，〈略論魏晉侍中〉，收錄於《安康學院學報》，第20卷，第四期，2008年，頁66。

之後並不活躍，直到被滅族之前都沒有大動作。

　　而女婿牛輔，前文已提及，手握重兵替董卓把守要道，在董卓遇刺之後，曾短暫掌涼州軍，並指揮李傕、郭汜、張濟等出關中打敗河南尹朱儁，又打敗呂布的盟友李肅，《後漢書》，卷七十二，〈董卓傳〉載：

> 卓以牛輔子婿，素所親信，使以兵屯陝。輔分遣其校尉李傕、郭汜、張濟將步騎數萬，擊破河南尹朱儁於中牟。因掠陳留、潁川諸縣，殺略男女，所過無復遺類。呂布乃使李肅以詔命至陝討輔等，輔等逆與肅戰，肅敗走弘農，布誅殺之。其後牛輔營中無故大驚，輔懼，乃齎金寶踰城走。左右利其貨，斬輔，送首長安。〔註108〕

佈署得當的牛輔接連打了兩場勝仗，就在局勢看來大有可爲時，卻因爲牛輔營中「無故大驚」，堂堂大將收拾金銀細軟縋城出走，再莫名其妙爲親信所害，就史料的描述，實令人難以置信，更覺得爲陰謀運作之舉。牛輔之死，象徵著涼州軍中與董卓一族有關的人被消滅殆盡；董旻在郿塢被皇甫嵩「盡滅其族」，牛輔也死的不明不白，涼州軍中至此再無董家之影響力。

（三）附庸關係

　　董卓入洛時，身邊步騎不超過三千人，這樣一點兵馬連自保都是問題，又如何發揮影響力呢？於是在董卓尚未展現其眞面目之前，將何進兄弟之部曲收編，這些部曲被袁紹評爲「兄弟並領勁兵，部曲將吏皆英俊名士，樂盡力命。」，〔註109〕可見素質軍心都是上上之選，又并州軍亦爲人傳頌的部隊「天下強，百姓所畏者，有并、涼之人」，〔註110〕於是策反呂布使其暗殺并州軍領袖丁原，將并州軍納入己方。在收編何進部曲與并州軍的同時，聯結了牛輔、馬騰、韓遂、樊稠、段煨等豪強勢力，形成了一個多元的軍閥聯合體。這個聯合體的形成，也是牛輔、馬騰等與董卓建立依附關係的過程，這是當時政經依附關係的發展，在他們之間關係上必然的反映。然而作爲軍閥，中間的依附關係要表現爲縱向的逐級依從，這就形成了集團結構上的層次性。如牛輔爲涼州軍團的主要成員，他底下就有李傕、郭汜、張濟等集團，這些大小集團又各自有部曲，自成一體，但都在依附網絡上層層歸屬，最終形成以董

〔註108〕范曄，《後漢書》，卷七十二，〈董卓傳〉，頁2332。
〔註109〕范曄，《後漢書》，卷六十九，〈竇何列傳〉，頁2249。
〔註110〕范曄，《後漢書》，卷七十二，〈董卓傳〉，頁2358。

卓爲宗主的塔狀結構集團。〔註111〕

　　涼州軍團的迅速發展聲勢浩大，在形成的同時，也吸納了來自何進部曲、并州軍等涼州以外的勢力，這些派系之所以依附涼州軍團，因爲各種考量而暫時依附，既有瓜分到外部共同利益的可能，也不太可能以內部的血緣關係連結，故這幾股不穩定的勢力，難以融入涼州軍團，一旦有變就迅速脫離。

　　涼州軍團的分崩離析，自呂布刺董後，造成并州軍與涼州軍勢同水火，自行離開；而理論上最與涼州軍契合的馬騰、韓遂等人，卻因爲與將領私人恩怨，導致本應加入的生力軍弄得不歡而散，最後甚至刀兵相向。涼州基層豪族出身的武將，雖在董卓的大旗之下結成了一個相對鬆散的地域軍事集團，但維繫其內部關係的連結，是建立在各派系之利益和實力的平衡之上的。而董卓被王允、呂布殺死的直接影響是從打破了其集團內部的平衡，爲了爭奪帝國中樞，以及成爲董卓那樣的涼州軍盟主，幾個實力較大的派系展開激烈的內鬥，使涼州軍自我消耗。原先力挫關東諸侯、威震天下的涼州軍，在不斷的自相殘殺後，已衰弱的如同土匪一般，各自散去。

第四節　涼州軍團的覆滅原因

　　涼州軍閥的出現，代表著東漢安、順以來，政治社會層面不斷累積的矛盾，軍閥的出現並非橫空出世，他與漢帝國內武人地位的提升有莫大的關係，武人並非是一種階級，而是相對於其對應概念是文人，在漢魏晉時代稱爲士人。士人以學術傳家，世代傳經，由學術地位而有政治地位，稱爲士族。東漢一朝由士大夫主政，稱爲士大夫政治，地方經濟爲豪強大莊園經濟，故產生豪族階層。武人這一概念放到東漢之際的社會大環境背景下，稱之爲擁有地方武裝的豪族，其與漢末大亂背景結合產生軍閥，亦爲武裝割據政權的前身。〔註112〕董卓入京，廢帝弑后，一連串的暴行，將洛陽化作白地，同時也帶來對歷史進程的刺激，強迫腐朽的漢帝國產生反應。例如，將盤據帝國中樞的宦官與外戚一舉掃蕩，安、順朝以來與皇權共生的灰色力量也隨之灰飛煙滅，在新的秩序成形前，帝國是難以回到正軌的；董卓此舉也令虎視眈眈的地方勢力擺脫束縛，站上了君臣大義的制高點，藉由討董的口號公開的招

〔註111〕王希恩，〈漢末涼州軍閥集團簡論〉，頁72。
〔註112〕趙立民，《漢魏晉的武人研究》，頁9。

兵買馬、累積實力，以隨時都要「勤王」爲藉口持續掌握軍隊。

　　而董卓消化完兩京的富庶，準備與馬韓二人結盟，涼州軍即將與故鄉連接之際，這個龐然大物卻應聲而崩散了。對此現象，本節將探討爲何涼州軍的覆亡會如此迅速，以至於爲他人霸業作嫁。

（一）與士人階層的敵視

　　東漢晚期歷經兩次的「黨錮之禍」，多數基層的士人對於漢帝國之沉痾腐朽大爲失望，有心但無力推動改革的士人紛紛離開朝廷，回歸鄉里，衛廣來認爲黨錮事變，東漢朝廷與士大夫決裂，此後士大夫總體轉變政治方向，對朝廷不再作挽救，而另謀事物，呈現兩種趨勢，有消極隱去者、有積極準備起事者，兩種趨向，放棄了東漢士大夫以天下爲己任，破家爲國的傳統精神，而一轉爲身家性命之保全爲務，開六朝士族新風流。〔註113〕董卓入洛以後，對於這一批飽受打壓、排擠於朝廷之外的士人大爲攏絡，透過追封黨錮受難者的後代，欲美化自身的軍閥形象；將地方官職與這些士人分享，企望達到外放士人的擁戴與一體感。董卓的攏絡，理論上應該是會得到士人階層的支持，至少是部份支持。前文已有提及，這些外放的士人，大多都成爲討董之主力，而留在京師的士人也利用自身的影響力反對董卓，如袁紹爲首的關東諸侯反董卓聯盟起事後，沒有逃走的士人也暗中與他們聯合。如侍中周珌、城門校尉伍瓊、議郎何顒等，都是董卓提拔的名士，但都曾暗通袁紹「卓信之，陰爲紹」，〔註114〕與關東諸侯暗通款曲。

　　何以董卓的軍閥政權幾乎無法爲士人所擁戴呢？大約有幾個重要因素，其一，董卓與其黨徒都是高度羌胡化的武人，涼州軍團的成員大多數是涼州出身，由於時空背景所致，對於族裔的認同，除了彼此都是漢帝國的臣民以外，也認爲自己是羌人。

　　由於涼州地區處於內地文化輻射的邊緣地帶，中原文化對涼州羌族的影響程度遠遠不如遷往內地的羌族。不僅如此，由於涼州羌族的人數占優勢，在文化傳播和影響的雙向過程中，涼州地區的漢族反而呈現明顯的羌化趨勢所謂的羌化趨勢，指在特定的地域條件下，其他各民族受羌族的影響，在社會心理方面逐漸趨近於羌族，在社會行爲方面靠攏於羌族，從而他們之間相

〔註113〕衛廣來，《漢魏晉皇權嬗代》，頁 277。
〔註114〕陳壽撰，裴松之注，《三國志》，卷六魏書六，〈董二袁劉傳第六〉，頁 182。

互依存，形成類聚的特徵。〔註115〕

　　在西元二世紀末，涼州在社會上和文化上，都與帝國的東部有很大的不同，其他地區的中國人常用懷疑的眼光去看涼州的居民。事實上，自從西元二世紀以來，涼州和漢代中國的主要的知識和文化傳統可能已沒有聯繫。〔註116〕而位居帝國中樞的大臣出身良好，每一個人的背後，都是代表各自聲名顯赫的家族。也許在他們眼中，董卓不過一個來自粗鄙邊疆的武夫，以良家子從軍，藉軍功僥倖得上位而已，比起滿朝累世公卿，以及試著擠入累世公卿循環中的士人，涼州集團與士人在文化、認同上的相異，在合作前已經產生嫌隙。

　　此外，董卓對於拉攏士人的手段，似乎顯得太過暴發戶，毫不遮掩自己的權力來自駐洛的涼州集團，授職但隨己身好惡，無視天子朝廷之權威，而士人被授予官職，彷彿認同了董卓的權威與不正當性。

　　反觀五胡之亂中崛起的羯人石勒，比起董卓，他的胡人色彩更重，出身更加卑微，早年的生活顛沛流離，日後卻稱孤於華北。他的傳奇不僅僅建立於赫赫戰功，同時在亂世中積極爭取士人合作，用推廣文教的手段示於天下士人，這個具體的形象《晉書》，卷一百五十，〈石勒載記下〉載：

> 勒親臨大小學，考諸學生經義，尤高者賞帛有差。勒雅好文學，雖在軍旅，常令儒生讀史書而聽之，每以其意論古帝王善惡，朝賢儒士聽者莫不歸美焉。嘗使人讀《漢書》，聞酈食其勸立六國後，大驚曰：「此法當失，何得遂成天下！」至留侯諫，乃曰：「賴有此耳。」其天資英達如此。〔註117〕

石勒出身寒微，幾乎沒有受教育的機會，可能根本不識字，然而在其轉戰各地時，猶令儒生在其帳下講史，這種舉動不論是刻意或無意為之，對於營造禮賢下士之形象有莫大之助益。儘管石勒建立的後趙政權，只三十年而亡，部分原因是這些胡族國家構築權力的基礎，與中原帝國差異過大，以至於政權必須高度仰賴君主的個人才能以及國家權力的集中，而游牧部族強調的是每一個部落的自主性與分散性，以及圍繞著共同利益所產生的向心力，對於

〔註115〕曹寧，《從《後漢書》重新審視東漢政府對羌政策》（西安：西北大學碩士論文，2010年），頁35。

〔註116〕崔瑞德、魯惟一編，楊品泉等譯，《劍橋秦漢史》，（北京：中國社會科學出版社，1992年），頁467、468。

〔註117〕房玄齡等編，《晉書》，卷一百五十，〈石勒載記下〉，頁2741。

建立起類似中原帝國的政權，無疑是一種從內部相斥的力量，這種力量會將政權自我拆散。

而董卓的恐怖統治，則將士人推到他的對立面去。任意授官的舉動，挑戰著漢帝國百年來既有的晉陞體系，從中壟斷它的家族，以及維護它的人群。更何況涼州軍團殘忍暴行，使任何一位愛惜名聲的士人都難以認同，《後漢書》，卷七十二，〈董卓傳〉載：

> 是時洛中貴戚室第相望，金帛財產，家家殷積。卓縱放兵士，突其廬舍，淫略婦女，剽虜資物，謂之「搜牢」。人情崩恐，不保朝夕。及何后葬，開文陵，卓悉取藏中珍物。又姦亂公主，妻略宮人，虐刑濫罰，睚眥必死，群僚內外莫能自固。卓嘗遣軍至陽城，時人會於社下，悉令就斬之，駕其車重，載其婦女，以頭繫車轅，歌呼而還。〔註118〕

天下的戰火再熾烈，也罕見禍事發於京師，洛陽承平已久，百姓突遇兵災其驚恐不言而喻，而失控的涼州軍亦劫掠了公卿府邸，獸行於禁中，洛陽仿佛陷入涼州軍的勝利掠奪。董卓上既不能得力於士族，下不能安撫百姓，這一種上下敵視的處境，自是無法得到支持，有的名門家族如潁川荀氏，家族成員荀爽更積極參與反董計畫，《後漢書》，卷六十二，〈荀爽傳〉載：

> 獻帝即立，董卓輔政，復徵之。爽欲遁命，吏持之急，不得去，因復就拜平原相。行至宛陵，復追為光祿勳。視事三日，進拜司空。爽自被徵命及登台司，九十五日。因從遷都長安。爽見董卓忍暴滋甚，必危社稷，其所辟舉皆取才略之士，將共圖之，亦與司徒王允及卓長史何顒等為內謀。〔註119〕

見士人多不願與之合作的董卓，惱羞成怒之下，董卓索性就與之決裂，並放手任用從涼州帶來的武人集團，大加殺戮中原的世族名士們。這些凶殘的做法使得中原進一步陷入孤立的境地，最後不得不選擇避開關東軍，遷都長安，期待重新以關隴為依靠，實現其與涼州舊部的會合，從關中乃至涼州本土直接獲得兵源。〔註120〕然而董卓似乎未察覺，涼州軍內部更大的隱憂，將在長安爆發，在洛陽倉促整合的力量，導致自己也被反噬。

〔註118〕范曄，《後漢書》，卷七十二，〈董卓傳〉，頁2325。
〔註119〕范曄，《後漢書》，卷六十二，〈荀韓鍾陳列傳〉，頁2057。
〔註120〕陳勇，〈董卓進京述論〉，《中國史研究》，1995年，第四期，頁116。

（二）并涼集團的衝突與將領內鬨

董卓入洛以後，透過呂布殺死丁原，將并州軍吞併。并州位處北疆之地，轄內有南匈奴王廷駐於此，長期與匈奴人互動的結果，使并州民情剽悍，其弓馬嫻熟者不下涼州，是故并州軍與涼州軍同為天下勁旅。

在董卓大旗之下的兩軍之間卻存在潛在的衝突。涼州軍將領對入洛之後才加入的并州軍不懷好感，更何況并州軍是董卓採取陰謀手段兼併的，並非所有人都贊成加入涼州軍。作為丁原賞識的并州軍代表呂布，為董卓用優厚條件攏絡，可能招致涼州將領的眼紅。這種派系內不合，也造成了戰役失敗，《後漢書》卷七十二〈董卓傳〉載：

> 明年，孫堅收合散卒，進屯梁縣之陽人。卓遣將胡軫、呂布攻之，布與軫不相能，軍中自驚恐，士卒散亂。堅追擊之，軫、布敗走。
> 〔註121〕

雖然面對的是武勇善戰的孫堅，但導致戰敗更直接的原因是代表各自勢力的兩將不合，這一場小規模戰役，全軍主帥當為涼州人胡軫，由於呂布和胡軫的不合，即并州和涼州軍的衝突，導致了該次戰役的失敗，雖然以涼州軍的實力，不過傷其皮毛而已。但兩將不合的事實，證明了涼州集團內部的鬆散與派系之爭，進而導致涼州集團的分裂。

從外在為涼州諸將所排擠，到內部可能被呂布視為失去利用價值的訊號，即董卓與呂布私底下的爭執。《三國志》卷七〈呂布傳〉載：

> 卓性剛而褊，忿不思難，嘗小失意，拔手戟擲布。布拳捷避之，為卓顧謝，卓意亦解。由是陰怨卓。〔註122〕

由於董卓性格上的特質，因此對呂布刀兵相向，可能導致身為并州人的呂布心生恐懼，以為董卓已完全收攏并州軍，自己再無存在價值，最後為司徒王允所策反，參與了對董卓的暗殺。

涼州將領的另一特點就是性多疑忌，李傕、郭汜、張濟、樊稠四員大將打著為董卓報仇的旗號，很快攻克了長安，誅殺了王允，重新掌控了朝廷中樞。但為時不久，即遭覆滅，其敗亡之因頗令人深思。

涼州兵極具戰鬥力，靠外部力量是很難將其打垮的。董卓死後，李、郭統率的涼州軍削弱主要源於持續不斷的內鬨。涼州將領性多猜忌，李傕在把

〔註121〕范曄，《後漢書》，卷七十二，〈董卓傳〉，頁2328。
〔註122〕陳壽撰，裴松之注，《三國志》，卷七，〈呂布傳〉，頁219。

持朝政後，很快就與樊稠發生衝突。馬騰、韓遂攻長安失敗，樊稠在追趕過程中，為了給自己留條後路，就放走了韓遂。然而此事給李傕之姪李利通報，李傕認為樊稠與韓遂有勾結，便以此為由殺之。在樊稠死後，由於張濟屯兵於弘農，朝堂之上只有郭汜與之競爭，不久之後兩人之爭正式浮上檯面，以長安城內為戰場，展開惡鬥。李、郭兩人在惡鬥各自挾持了天子與公卿百官，而火併的結果使涼州軍元氣大傷，四分五裂。最終郭汜為部下所殺，張濟意外戰死，李傕被段煨夷三族。至此，董卓一脈的涼州軍宣告覆滅。〔註123〕

（三）董卓集團無根據地

　　董卓集團戰力堅強，入洛後附庸者甚多，但就其活躍的那幾年來觀察，涼州軍似乎沒有穩定的地盤。雖稱之為涼州軍，乃是因為其成員多為涼州出身，並非以涼州為根據地而向外發展。正因為沒有根據地，得不到穩定的賦稅收入維持軍隊，軍餉的來源變為大量劫掠來維持自身士氣，董卓對兩京的破壞，也有充作戰費的意義。再者對於兩京的破壞，使原本有可能成為固定地盤的兩京地區，百姓視之如豺狼猛獸，民心盡失。

　　然而總會有劫無可劫的一日，在其勢力範圍內早已陷入竭澤而漁的狀態，戶口離散、百姓流亡，依靠著劫掠累積來的資源，在董卓死後又被李、郭等人所分，在混戰中消耗了己身實力，最終走向滅亡之路。

〔註123〕朱子彥、呂磊，〈論漢魏之際羌胡化的涼州軍事集團〉，收錄於《軍事歷史研究》，2007年，第三期，頁114。

第五章　結　論

　　在中平元（184）年，爆發的這一場羌人反亂，所帶來的一連串效應，將腐朽的漢帝國徹底點燃，陷入了更慘烈的軍閥割據。象徵漢四百年的兩京帝都，也在兵災戰火中轟然倒塌。漢帝國的滅亡，是多股環環相扣的因素，必須以長時間來觀察這種軌跡；其中一條脈絡可從羌人問題探究。

　　眾所周知，西漢時期主要的外患乃是匈奴，透過對匈奴的戰爭，其軍事成果之一，就是將帝國版圖向外擴張。由於漢武帝為削弱匈奴實力，出兵佔領河西走廊，並設立涼州，實施一連串的邊境政策，將帝國腹地的戶口徙往邊境。這一措施的成功，使漢帝國在匈奴的側翼逐漸長成一隻強力的臂膀，達到右擊匈奴、左控西域的優勢。但隨著時間推移，徙至此處的漢人日益增長，擠壓了原先住民的生存空間，在涼州的隴西、湟水流域深處，有一批生活在此處的先住民，據史料所載，至少散居著數十個部落，這些先民被兩漢帝國稱為羌人、西羌。漢帝國藉由屯田、築塞等方式一步一步鞏固漢人的生活範圍，原先羌人放牧、耕種的河谷，盡為漢人所奪，使漢羌關係日趨緊張。

　　步入東漢以後，羌人的反抗越來越密集，但由於其社會特性，在東漢初期通常是以幾個小部落各自出擊，或幾個大部落因為戰爭需要而暫時性聯盟，向漢帝國開戰。這些部落互不統屬，又各自有權向漢帝國攻擊或談和，因此經常是一部降，一部又反，使鎮壓軍隊疲於奔命，無形之中也造成極大的財政負擔。

　　故早期的羌人暴動，如建初二年至永元十三年（77～101），由河湟地區的燒當、封養、燒何、卑湳等羌人種落發動的。因為不滿漢人以屯田移民手段擴大版圖，早期的羌人暴動多半是以零星部落發動，劫掠鄰近漢人聚落；

由於漢羌之間的實力差距過大，零星的部落組織難以與帝國抗衡，這股反抗的力量迅速被鎮壓。這些戰敗的羌人，大多被帝國拆散打散至西北各郡的塞下就近監視，或者是關中三輔地區分而治之，納入編戶齊民的體系中。帝國強制遷徙至西北各郡乃至三輔，系認為羌人離開老巢之後，將難以發動劫掠，並試圖以漢人的數量優勢將之影響，實現「用夏變夷」的策略。

但事態並未如預期發展，這些被遷徙的羌人飽受豪強官吏欺凌，同時又負擔沉重的兵役，於是又爆發了第二階段的羌人反抗，即永初元年至元初五年（107～118），金城、隴西、漢陽三郡徵發往西域的戍邊羌，恐懼遠戍不能還歸，於是聯合北地、安定、隴西等遷居羌人發動，計有先零、鐘羌、參狼、當煎、勒姐等羌人種落。該次羌人暴動，係由先零羌所主導，本階段的羌人暴動，出現了羌人自稱天子，發展出官職軍號層級，可見在與漢人雜處之後的影響，羌人是不斷的在學習進步。另外，舉事之初先零羌號召了漢帝國境內的其他胡人共同起事，甚至連漢人民變團體也加入先零勢力。永初年間的羌人暴動，反映了久經兵役、對於涼州可以說是相當熟悉的羌人，不再像從前諸羌星散，雖然勇猛但卻各自為戰，而是於統一的大旗下起事。並且懂得切斷要道、焚燒驛站等戰略，癱瘓情報來牽制漢軍，這使得漢帝國的鎮壓難度大為提升。

之後的兩次暴動，都是建立於這種模式之上，不同於塞外時期的羌人，需要等到牲畜肥壯之後才有力量發動攻擊，被遷徙到內郡的羌人，亦被稱為東羌，與雜居的漢人互相影響，以耕種為主要生產手段，可以直接在內郡發起攻擊，流竄甚廣，史稱「眾羌內潰」。如第三次是永和五年至永嘉元年（140～145），由金城、西塞及湟中的且凍、傅難、鞏唐、燒何諸羌發起，影響到了三輔地區。第四次是延熹二年至建寧二年（159～169），由隴西、安定、上郡的燒當、先零、沈氏、牢姐諸羌發起，曾攻入京兆地帶。而間接使董卓崛起的羌人暴動，正是第五次，是中平元年至建安十九年（184～214），北地先零羌、湟中羌落，與義從胡發動，影響範圍到隴右、三輔地區。

由以上整理的五次大型暴動所顯示，東漢一朝羌人的起事，是在不同時間、空間，由不同的種落所發動的，幾乎貫穿了整個東漢歷史。其規模之大、持續時間之長、波及範圍之廣和影響之深，遠遠超過西漢對於匈奴的損失。接連不斷的羌人反抗也給東漢帶來幾個嚴重後果：

第一，鎮壓羌人反抗的軍費開支非常巨大。邁入中葉以後，政治昏暗的

漢帝國，財政更陷入雪上加霜的處境。如安帝永初年間的羌人反抗，歷經十年、耗資兩百四十億才將之彌平；順帝永和年間的起事，也耗資八十餘億，〈西羌傳〉中更點出了鎮羌將領貪汙軍餉、不恤士卒的形象。這兩起戰費紀錄只是漢羌百年戰事的其中大者，對照〈西羌傳〉中頻繁的羌人反抗，實際上漢帝國從羌人、河湟地區所得到的利益，遠遠不及整個涼州的安寧，以及天下賦稅之大半。

其二，作為漢羌戰爭的主要戰場，涼州在東漢時不斷遭到戰爭侵襲，戶口數始終停滯不前，對於經濟生產及地方社會都是巨大的破壞，儘管涼州有畜牧及通商之利，卻因為連年戰禍使得漢帝國無法收回賦稅，反而以其他州郡為資，繼續維持對羌人的鎮壓，形成一種虧損循環。

三，羌人問題從永初年間的羌人反抗中可以見到明顯的轉變，即是羌人反抗與民變的合流，這使得影響範圍變得更加深遠，羌人反抗加上民變的激化，事態升級到全帝國所注目的焦點，不再是一州一郡的事而已。而促成大型民變的原因，除了在〈西羌傳〉中多次提及的貪官汙吏、以及地方豪族的巧取豪奪等，都是激怒羌人的因素；而對於涼州的漢人，是否可以用相同理由一概視之呢？筆者認為，至少在民變問題上是可以一起討論的，由於小農經濟中容易出現因為種種因素導致無力負擔賦稅，而將田地轉賣給富有者，造就富有者不斷的土地兼併，使貧民無立錐之地，不是舉家流亡、就是成為奴隸。而涼州的吏治情況在〈西羌傳〉中記載其敗壞的程度，因此吏治問題對於羌人和民變是不可忽視的原因。

當然筆者並不是認為漢帝國奪取河湟地區完全是錯誤的策略，畢竟實力強大的政權去掠奪實力小的族群，這在人類的發展過程中屢見不鮮，甚至可以說是歷史進程的一部份。

但羌人的反抗，主要就是生存資源分配不均所引發的衝突，隨著漢帝國對羌民土地牲畜等經濟上的掠奪，羌人的生存出現了重大的危機，少數羌人種落向更西北的高原尋找生路。而大部分羌人因為失去祖傳的牧場與河谷耕地，被強制遷徙到內郡。令筆者感到可惜的是，早在東漢初班彪就已提出，漢羌之間的風俗語言差異過大，又為官吏所欺凌，無人可為他們申辯，同時又被視為野蠻的胡人，羌人在外界的歧視之下，容易激發出族群的自我意識，但對於族群間的融合，仍是一個很大的挑戰。此外，漢帝國奉行以夷制夷的政策，大量徵召羌人從軍，百年以來羌人流了多少血，罕有人關心；也從沒

有羌人在戰場上因為斬將搴旗而封侯的（此處係指徵召用途，並非暗殺反抗羌人領袖而封侯）。

一個守塞羌人，可能從年輕到老，生活就在兵役與小吏周旋中度過，然後終其一世仍是個羌人，在終日惶惶不可自度中逐漸老去。羌人無法倚靠軍功改變自身命運，可以說是在正常管道中得不到出路，於是藉由不斷的暴動、劫掠，來改善自身的際遇。而董卓的崛起，或許使羌人看見了建功立業的希望，追隨董卓可使自己用戰功來謀取出路，因此筆者認為羌人追隨董卓的原因，部分出自於此。

而涼州作為漢羌戰爭的發生地，從東漢建立之初就不斷有人因為羌人屢屢反抗，而提議放棄涼州，企望改善帝國經濟，但這一項提議從未付諸實行，理由乃是涼州對於帝國有不可或缺的存在。當漢帝國強大時，涼州就是深入西域的一隻拳頭，用以威懾綠洲國家的管道，在確認宗主關係之後，涼州更乘載著絲綢之路的利潤，絲路上的幾個大城市都因為貿易而繁榮；反之，在中原板蕩之際，涼州就是關中百姓的避難之處，由於該地的特殊地理條件造就了涼州的隔絕性，即便是中原已戰禍綿延，而涼州則保持著相對安定。在西漢末以及西晉末，都有大量來自中原的避難士人，在涼州設館教書，或著書立說，涼州一時文風鼎盛，為日後關中的復甦提供了火苗。

兩漢的涼州是由河西、隴西、河湟等幾個不同型態的大區所組成的，意味著在經濟生產上勢必有多元的表現。如河西地區，依黃河或高山雪水灌溉，進而發展農業，亦可不便農業之地放牧，以收畜牧之利。透過絲路的商業貿易，為漢帝國帶來不小的利益，同時更重要的，即是由西域進口的戰馬，放養在涼州設立的官方牧場，是騎兵的馬匹來源之一。而河湟地區多高山河谷，羌人在此處習慣放養牲畜於山區，耕作於河谷兩岸，是相對封閉但又勉強自給自足的生活，這與羌人在內鬥中削減一定的數量，以達到平衡有關。而自漢帝國沿河廣立屯田據點以來，逐漸擠壓羌人的生存空間，成為羌人反抗的導火線之一。

隴西地區，同樣也是羌人分布的密集點，此處的林區覆蓋面積較河西、河湟為大，但土地比起前兩區磽薄許多，居住在這裡的漢人多以射獵為輔助手段。這裡漢羌雜居，經常發生衝突，因此人人皆熟戰備，連婦女都可搭弓操矛。而董卓就是在這種風氣下成長的，故其武勇正得利於類似羌人的生長環境，這個特殊背景使他更能理解羌人的行為模式，也更能親近羌人豪酋，而追隨董卓的涼州籍將士，或許有不少類似這樣背景的人。

　　的確，董卓能夠居上位，戰功固然是重要原因，但不能忽視的是董卓對於時局的觀察相當敏感，他知道自己身處在哪個處境，方能立於不敗之地，然後豪賭一局，正如涼州軍入洛一事，但入洛以後使京師變成人間地獄，在前文已有敘述。筆者所關注的是，何以涼州軍在洛陽軍紀敗壞至此，是否因為底層士卒本身來自於荒涼貧瘠的邊疆，對於財貨的渴望難以抗拒，而上層的將領雖在故鄉為地方勢力，但他們起家的背景似乎不像中原詩書傳家的世家大族。欠缺文化素養的涼州將領，世俗價值與天下人的評價，難以對他們產生制約，故使兩京繁華短短數年間化為一片白地。

　　董卓在長安的恐怖統治，獲罪於天下，極難再往關東進軍，然而涼州軍實力尚算完整，關中險要盡為涼州軍所據，理論上可使其統治延續不少時間，但涼州軍內部的并、涼衝突，首當其衝的就是董卓，在他死後涼州軍陷入後繼者之爭，內鬥使得苦心經營的武力急速消融，直至覆滅。董卓集團滅亡的原因有很多，但是最後點燃導火線的可以說是并、涼矛盾，董卓之死象徵的這兩股勢力徹底決裂，再無興風作浪的力量。

　　回顧董卓的崛起到暴死的過程，他生長於涼州邊鄙之地，以良家子從軍因戰功迅速爬升，成為涼州武人的盟主，在一場政治陰謀中成為決定性的力量，入主京師將天子百官牢牢掌握於手中，一度試圖籠絡士人團體與名門大族為其政權背書，卻由於涼州軍的暴行與士人離心，為天下敵視，只能退回關中以待戰機。而涼州軍內部的并、涼矛盾在這段時間迅速激化，導致維持涼州軍平衡的董卓被暗殺，分崩離析之勢不可挽回。整個過程都顯示出不同地域之間衝突的影響，從一開始的漢羌之爭、中原與涼州，到最後的并涼衝突，其背後意義更暗示了以中原農業族群為代表的勢力，與北疆混合經濟族群，帝國並非一體。

徵引與參考文獻

古　籍

1. 司馬遷，《史記》，北京：中華書局，1959 年。
2. 班固，《漢書》，北京：中華書局，1962 年。
3. 范曄，《後漢書》，北京：中華書局，1965 年。
4. 陳壽撰，裴松之注，《三國志》，臺北：鼎文書局，1974 年。
5. 房玄齡等編，《晉書》，北京：中華書局，1974 年。
6. 袁宏撰，周天游校注，《後漢紀》，天津：天津古籍出版社，1987 年。
7. 司馬光，《資治通鑑》，北京：中華書局，1956 年。
8. 賈誼，《新書校注》，北京：中華書局，2000 年。
9. 王符撰、清汪繼培箋，《潛夫論箋校正》，北京：中華書局，1985 年。
10. 范曄撰，韓復智、洪進業註，《後漢書紀傳今註》，第四冊，臺北：五南圖書出版社，2003 年。
11. 杜佑，《通典》，北京：中華書局，1988 年。
12. 顧祖禹撰，賀次君、施和金點校，《讀史方輿紀要》，北京：中華書局，2005 年。
13. 張澍編輯，《涼州記》，上海：商務印書館，1936 年。
14. 張澍編輯，《西河舊事》，上海：商務印書館，1936 年。
15. 李吉甫，《元和郡縣志》，北京：中華書局，2005 年。

專書（依作者姓氏筆劃排列）

1. 王子今，《秦漢區域文化研究》，成都：四川人民出版社，1998 年。

2. 王明珂,《華夏邊緣:歷史記憶與族群認同》,臺北:允晨文化出版社,1997 年。

3. 王明珂,《游牧者的抉擇:面對漢帝國的北亞游牧部族》,桂林:廣西師範大學出版社,2008 年。

4. 王明珂,《羌在漢藏之間——川西羌族的歷史人類學研究》,北京:中華書局,2008 年。

5. 毛漢光,〈三國政權的社會基礎〉,《中國中古社會史論》,臺北:聯經出版社,1988 年。

6. 史念海,《河山集》,第四冊,西安:陝西師範大學出版社,1991 年。

7. 李並成,《河西走廊歷史地理》,蘭州:甘肅人民出版社,1995 年。

8. 李曉杰,《東漢政區地理》,濟南:山東教育出版社,1999 年。

9. 羽田亨著,耿世民譯,《西域文明史概論(外一種)》,北京:中華書局,2005 年。

10. 任乃強,《羌族源流探索》,重慶:重慶出版社,1984 年。

11. 冉光榮、李紹明、周錫根,《羌族史》,成都:四川人民出版社,1984 年。

12. 呂思勉,《秦漢史》,上海:上海古籍出版社,2005 年。

13. 呂思勉,《兩晉南北朝史》,上海:上海古籍出版社,1983 年。

14. 邵台新,《漢代河西四郡的拓展》,臺北:臺灣商務印書館,1988 年。

15. 拉鐵摩爾著,唐曉峰譯,《中國的亞洲內陸邊疆》,南京:江蘇人民出版社,2008 年。

16. 宋杰,《中國古代戰爭的地理樞紐》,北京:中國社會科學出版社,2009 年。

17. 林藜,《長城萬里》,臺北:錦繡出版社,1980 年。

18. 林藜,《千里絲路》,臺北:錦繡出版社,1980 年。

19. 周振鶴,《西漢政區地理》北京:人民出版社,1987 年。

20. 前田正明著、陳俊謀譯,《河西歷史地理研究》,北京:中國藏學出版社,1993 年。

21. 孫敏棠,〈東漢兵制的演變〉,收錄於,《孫毓棠學術論文集》,北京:中華書局,1995 年。

22. 馬長壽,《氐與羌》,上海:上海人民出版社,1984 年。

23. 馬植杰,《三國史》,北京:人民出版社,1993 年。

24. 黃仲文,《三國戰爭史略》〈討伐董卓之戰盟指揮系統表〉,臺北:信明出版社,1979 年。

25. 黃今言,《秦漢軍制史論》,南昌:江西人民出版社,1993 年。

26. 童恩正，《試論我國從東北至西南的邊地半月形文化傳播帶》，《文物與考古論集》，北京：文物出版社，1986 年版。

27. 楊建新，《中國西北少數民族史》，蘭州：蘭州大學出版社，1970 年。

28. 高榮，《先秦漢魏河西史略》，天津：天津古籍出版社，2007 年。

29. 張大可，《三國史研究》，蘭州，甘肅人民出版社，1988 年。

30. 張玉法，《中國現代政治史論》，臺北：臺灣東華書局，2002 年。

31. 葛劍雄，《中國人口史》第一卷，上海：復旦大學出版社，2002 年。

32. 崔瑞德、魯惟一編，楊品泉等譯，《劍橋秦漢史》，北京：中國社會科學出版社，1992 年。

33. 陳寅恪，《隋唐制度淵源略論稿》，北京：三聯書店，2001 年。

34. 陳良偉，《絲綢之路河南道》，北京：中國社會科學出版社，2002 年。

35. 陳守忠，《河隴史地考述》，蘭州：甘肅人民出版社，2006 年。

36. 陳致平，《中華通史》第二冊，臺北：黎明文化，1974 年。

37. 勞榦，《勞榦學術論文集甲編》上冊，臺北：藝文印書館，1976 年。

38. 黎東方著，《細說三國》，臺北：傳記文學出版社，1983 年。

39. 賈小軍，《魏晉十六國河西社會生活史》，蘭州：甘肅人民出版社，2011 年。

40. 寧可，《寧可史學論集》，北京：中國社會科學出版社，1999 年。

41. 翦伯贊主編，《中國史綱要》，（上）（增訂本），北京：北京大學出版社，2006 年。

42. 衛廣來，《漢魏晉皇權嬗代》，太原：書海出版社，2002 年。

43. 謝成俠，《中國養馬史》，北京：中國科學院，1959 年。

44. 譚其驤，《中國歷史地圖集》第二冊，北京：中國地圖出版社，1996 年。

學位論文（依作者姓氏筆劃排列）

1. 李敬坤，《東漢永初羌亂研究》，香港：中文大學碩士論文，2011 年。

2. 李邵恩，《諸葛亮隆中戰略研究》，嘉義：嘉義大學史地學系碩士論文，2014 年。

3. 呂志明，《魏晉五涼時期河西政治之研究》，臺北：文化大學碩士論文，1995 年。

4. 杜志威，《論東漢末年的涼州諸將》，臺北：文化大學碩士論文，2009 年。

5. 施文雅，《東漢末軍閥割據之研究》，嘉義：嘉義大學史地學系碩士論文，2007 年。

6. 黃成，《五涼時期河西地區的文化繁榮及其影響》，西寧：青海師範大學碩士論文，2008 年。

7. 曹寧，《從《後漢書》重新審視東漢政府對羌政策》，西安：西北大學碩士論文，2010 年。

8. 常倩，《商周至魏晉南北朝羌人問題研究》，上海：華東師範大學博士論文，2011 年。

9. 楊龍，《新莽末，東漢初西北地區割據勢力研究──以隗囂集團和竇融集團爲中心》，長春：吉林大學碩士論文，2006 年。

10. 趙立民，《漢魏晉的武人研究》，太原：山西大學碩士論文，2011 年。

11. 謝婷，《東漢安順時期的「涼州問題」》》，武漢：華中師範大學碩士論文，2009 年。

期刊論文（依作者姓氏筆劃排列）

1. 丁柏峰，〈吐谷渾路的形成及其歷史影響述略〉，《中國土族》，第四期，2011 年。

2. 王子今，〈秦漢時期氣候變遷的歷史學考察〉，《歷史研究》，1995 年，第二期。

3. 王北固，〈涼州兵團在三國史上的特殊地位──從馬超助劉備取蜀說起〉，收錄於《開封大學學報》，2000 年，第三期。

4. 王勖，〈東漢羌漢戰爭動因新探〉，《中國邊疆史地研究》，2008 年，第十八卷、第二期。

5. 王偉，〈東漢治羌政策之檢討〉，《中國邊疆史地研究》，2008 年，第十八卷，第一期。

6. 王乃昂、蔡爲民，〈論絲路重鎮涼州的歷史地位及其影響〉，《中國邊疆史地研究》1997 年，第四期。

7. 王力，〈西羌內遷述論〉，貴州民族研究，第二十四卷，2004 年，第四期。

8. 王希恩，〈漢末涼州軍閥集團簡論〉，《甘肅社會科學》，1991 年，第二期。

9. 王傳武，〈東漢黨人的地域認同研究〉，收錄於《中華文化論壇》，2009 年，第四期。

10. 方詩銘，〈董卓對東漢政權的控制及其失敗〉，《史林》，1992 年，第二期。

11. 付火水、羅亨江，〈東漢經濟與邊防政策〉，收錄於《歷史研究》，2011 年，第二期。

12. 邢義田，〈東漢的胡兵〉，《國立政治大學學報》，1973 年，第二十八期。

13. 何平立，〈略論西漢馬政與騎兵〉，收錄於《軍事歷史研究》，1995 年，第二期。

14. 朱子彥、呂磊，〈論漢魏之際羌胡化的涼州軍事集團〉，收錄於《軍事歷史研究》，2007 年，第三期。

15. 竺可楨，〈中國近五千年來氣候變遷的初步研究〉，收錄於《考古學報》，1972 年，第一期。

16. 孟古脫力，〈騎兵建設推動養馬業的發展——戰馬馬源之分析〉，收錄於《北方文物》，2005 年，第三期。

17. 周凱軍，〈秦漢時期的馬政〉，收錄於《軍事經濟研究》，1993 年，第八期。

18. 林永強，〈漢朝羌區軍政防控措施考論〉，收錄於《軍事歷史研究》，2010 年，第四期。

19. 尚新麗，〈秦漢時期羌族的遷徙及社會狀況〉，《南都學壇（哲學社會科學版）》，1997 年，第五期。

20. 常倩，〈論兩漢時期羌人的凝聚〉，《貴州民族研究》，2011 年，第一期。

21. 楊永俊，〈對東漢羌禍的重新審視〉，《西北史地》，1999 年，第一期。

22. 楊永俊，〈略論漢代隴右地方勢力的興起及其與羌胡的關係〉，《敦煌學輯刊》，2000 年，第二期。

23. 楊永俊，〈論兩漢時期羌漢戰爭中的「羌中之利」〉，《西北史地》，1998 年，第三期。

24. 陳勇，〈董卓進京述論〉，《中國史研究》，1995 年，第四期。

25. 張功，《漢代鄉土意識與隗囂集團之興衰》，《天水師範學院學報》2003 年，第一期。

26. 張偉，〈從敦煌漢簡看漢代河西地區的職官體系〉，《安康學院學報》，2010 年，第六期。

27. 黃今言、溫樂平，〈漢代自然災害與政府賑災行跡年表〉，收錄於《農業考古》，2003 年第三期。

28. 單鵬、李文才，〈從地域角度看董卓興起與失敗的原因〉，《陝西師範大學繼續教育學報》，2005 年，第三期。

29. 廖伯源，〈論漢末「兵為將有」之形成〉，《中國中古史研究》，2003 年，第二期。

30. 管東貴，〈漢代的羌族（上）〉，《食貨月刊》，1971 年，第一卷、第一期。

31. 管東貴，〈漢代處理羌族問題的辦法的檢討〉，《食貨月刊》，1972 年，第二卷、第三期。

32. 薛海波，〈試論東漢中後期羌亂中的涼州武將群體〉，收錄於〈西北師大學報社會科學版〉，2008 年，第四十五期，第五卷。

33. 魏麗，〈略論魏晉侍中〉，收錄於《安康學院學報》，2008 年，第 20 卷，第五期。